Doric Proverbs and Sayings

In memory of May Thomson

First Published 1997
Reprinted July 1998
This revised edition published in 2004 by
SCOTTISH CULTURAL PRESS
Unit 6, Newbattle Abbey Business Park
Newbattle Road, Dalkeith EH22 3LJ
Tel: 0131 660 6366 • e-mail: info@scottishbooks.com
www.scottishbooks.com

BRITISH LIBRARY CATALOGUING IN PUBLICATION DATA
A catalogue record for this book is available from the British Library

ISBN: 1 84017 007 7

Printed and bound by CPI Bath

Doric
Proverbs
and
Sayings

edited by

Douglas Kynoch, M.A. (Aberdeen)

with a Foreword by Professor Alexander Fenton

SCOTTISH CULTURAL PRESS
www.scottishbooks.com

Acknowledgement

For the riddles in this edition, the editor is indebted to Prudence King of Aberdeen.

Contents

Foreword

Professor Alexander Fenton

There is a proverbial saying that *mony a mickle maks a muckle*. It illustrates the drawing power of the first letters, for it should be *mony a pickle . . .* , meaning many small quantities make a big amount, or, to give an English parallel, *Take care of the pence and the pounds will take care of themselves*.

And surely in this book Douglas Kynoch has assembled a number of pickles into a real muckle, for this is one of the biggest collections of proverbs and sayings that has yet come from the North-east of Scotland. The only source that comes close to it in recent times is William Morrice Wilson's *Speak O' the North-East* (NES Publications 1993), with its nine pages of proverbs, including a variant of the one I began with *Mony a pickle maks a puckle*, and a whole host of sayings and rhymes.

Going back in time there are other pickles that could be added eventually to the hoard, notably Dr David Rorie's remarkable ingatherings, dealing especially with human health. There is, for example, his article 'On Some Scots Words, Proverbs, and Beliefs bearing on Diseased Conditions', in *Proceedings of the Philosophical Society of Glasgow, xxxi (1899–1900), 38–45*, and his chapter 'On Scottish Folk-Medicine. IX: Scottish Proverbs Bearing on Medicine

(1929–31), in David Buchan, ed., *Folk Tradition and Folk Medicine in Scotland. The writings of David Rorie*, Edinburgh 1994, 113–20.

My own collection, which has been incorporated in this book, was brought together in the 1950s and published as 'Proverbs and Sayings of the Auchterless and Turriff Area of Aberdeenshire', in *Scottish Studies* 3/1 (1959), 39–71. The entries, all taken from current oral sources, were then compared with entries in a number of major Scottish proverb collections from the end of the sixteenth century onwards so that readers could judge for themselves how they had changed or remained constant over the centuries. It was a matter of some interest when the list was examined by Fionnuala Williams, 'Irish Versions of Some Proverbs Found in Scots', in *Review of Scottish Culture* 9 (1990), 53–60. Here, after discounting the widely known examples, she found a dozen common to Ireland and Scotland, and analysed five of them: *A bonny bride's easy (or seen) buskit; An aal fiddle plays sweetest; It'll be dry on Friday tae dry the priest's sark; It's aye kent the mullert keeps fat hogs but naebody kens fa feeds them;* and *There's aye a weet an slippery steen at ilky body's door.* Of these, the middle three are not found in any English collection. Though there is a lot of material general to the wider English speaking world in Douglas Kynoch's book, which is based on a number of very naturally written printed sources as well as my own list, nevertheless these examples show that there is a hard core of new material and that it has, in its turn, some very interesting connections with Ireland. We should not forget, in this context, the many Irish workers who were in the North East at the making of the Buchan railway in the mid-nineteenth century, though there must be earlier links also.

The search for such connections helps to make proverbs and sayings an enduring source of interest. So, too, is the way in which they preserve words and phrases, often through rhyme or alliteration that fixes the dialect terms in the memory. They have qualities of irony as in number 89 of this collection, frequently marked, as here, by a tag added to a statement. Numbers 101 and 175 are examples of proverbs to do with physical health, and it is clear from these and other examples (and from the even wider range given by Dr Rorie) that folk were fully alive to the dangers of overeating even in the depths of the North-east countryside, long before the widespread onset of the food-fads of the present day. Even more striking is the number of entries concerned with mental health or at least mental attributes as well as physical characteristics (as in number 643). Much can also be learned about the daily round of work, often emphasising the 'ferocious work ethic' with which the North-Easter is said to be blessed – or cursed – and of course, weather lore looms large also for the progress of outdoor work depends on the state of the weather.

This collection of 1266 proverbs, sayings and rhymes, is a real treasure house of wisdom, much of it belonging to a much wider stock, but nevertheless adapted to the ethos and language of the North East in a way that makes it a true marker of identity. It is to be savoured and enjoyed, and if it helps, as it undoubtedly will, to preserve something more of the traditions of the area, and to make them known further afield, it will serve a very good purpose.

Introduction

This collection of Doric proverbs and sayings is largely formed from the combination of two existing collections. The first, that of Helen Beaton, was originally published in 1915 as an appendix to her book *At the Back o' Benachie*, which draws on the stories and language of her grandmother to record life in the Garioch district of Aberdeenshire and in particular in the parish of Rayne over the previous hundred years.

In the course of preparation, however, a second, later collection came to hand: that made by Alexander Fenton and published in *Scottish Studies* in 1959. Professor Fenton's collection consists of over 600 proverbs and sayings in use by speakers in the parishes of Auchterless and Turriff in Aberdeenshire at the time of publication, 'none being admitted from literary sources'. I am extremely grateful to Prof. Fenton for his great generosity in offering these for inclusion in the present volume, divested, it should be said, of all academic reference. In addition to the two major components already mentioned, I have included around fifty items drawn from *Mains and Hilly* (a book of rural dialogues written by James Alexander of Ythan Wells, Aberdeenshire, and published in 1925) and, by way of illustrating urban usage in the latter half of this century, a similar number of items from my own *Teach Yourself Doric* (published in 1994), which also contains a fair number of rhymes (mainly children's) not listed here.

Mrs Beaton's proverbs are identified by the letter **B** (or, where the material comes from the text of her book rather from the appendix, **BT**); Prof. Fenton's by the letter **F**. Cullings from James Alexander's work are marked **A** and those from my own, **K**. A few miscellaneous inclusions bear the letter **M**.

While some of the material here is peculiar to the North-east, a lot of it is broadly Scottish, though dressed in the characteristic garments of North-east idiom. Some of it has quite a pedigree, being recorded, in some form or other, by Scotland's first accredited proverb collector, the Rev. David Fergusson, having been gathered in the latter half of the sixteenth century, though not printed till 1641, forty-three years after Fergusson's death. Into this category come such adages as *As the sow filles the draff soures* and *Ye saw never grein cheiss but your eyn reild*, more recognisable today as *Ye canna see green cheese bit yer een watters*.

For ease of reference, I have divided the material into three separate sections: proverbs, sayings and rhymes. The dividing line between proverb and saying is not always easily drawn; but I have counted as proverb any pithy assertion in general use which is complete in itself without reference to particular instances. A small amount of material from Mrs Beaton's collection has been discarded, some of it being straightforward vocabulary rather than falling into one of the three general categories, while occasional phrases were more English than Doric.

Deciding whether or not to translate the material was problematic. While on the one hand, it has not been the custom to translate existing collections of Scots proverbs, on the other, knowledge of the Scots language has greatly diminished since these were published. There will also be a great disparity in understanding among today's readers, ranging from native Doric speakers to those with a mere residual knowledge of the North-east dialect or none at all. Both Mrs Beaton and Prof. Fenton leave much untranslated; and, indeed, some of the explanations of the former can be somewhat delphic (though I am obliged to Prof. Fenton for the odd clarification of his predecessor's work).

The solution arrived at is the inevitable compromise. Translation of the proverbs (as opposed to the sayings) has, in general, been offered only where the sense is less obvious, or, for the sake of comparison, where there is an English equivalent expressed in a different way. Where the meaning should be clear to a Doric speaker, I have normally left the entries untranslated, but have provided a glossary for those who might have difficulties. On the other hand, absence of translation sometimes indicates that the meaning is obscure and no explanation is risked.

Language dilution is sometimes apparent in these proverbs and sayings, the process being recorded most clearly in the proverb *Aal age disna come itleen*. Collected in that form by Helen Beaton, the last word of the proverb undergoes a slight alteration to *its leen* in Prof. Fenton's later version, while in my own contemporary version from the city, it has become *itsel*.

Curiously, rhyme can be of assistance in signposting the process of dilution. James Alexander, for example, gives us the rhyme:

> Weet in Mey an heat in June
> Fesses the hairst soon.

Now, no self-respecting Doric speaker would, even today, use *soon* for *seen* but this appears to have become necessary, when the Doric *Jeen* became replaced by the English *June*. Similarly, if we substitute the Doric *cloot* for the English *patch* in one of Prof. Fenton's proverbs, we then rediscover what must have been a rhyme in the original:

> Pit a cloot abeen a cloot
> An that'll turn the win aboot.

Similarly, the proverb illustrated on the front cover:

> It's the hicht o bad manners an greed
> Tae tak butter an jam on a biscuit

almost certainly referred originally not to 'a biscuit' but to 'yer breid'.

In another instance, Mrs Beaton gives us: *A penny saved is a penny gained*. For the sake of the rhyme, the English *saved* should obviously be the Scots *hained*, which was presumably beginning to die out in the Garioch when Mrs Beaton put her collection together. Interestingly, however, *hained* appears to have resurfaced in Auchterless and Turriff forty years later, when Prof. Fenton's collection was published, restoring the proverb to its proper rhyming form.

Douglas Kynoch
April 1997

Key to Symbols

A   Alexander

B   Beaton (appendix)

BT   Beaton (text)

F   Fenton

K   Kynoch

M   Miscellaneous sources

(Further details are given in the Introduction)

PROVERBS

A

1. Aa geese is nae swaans   B
    All is not gold that glitters

2. Aabody's (everybody's) business is naebody's business   (B)

3. Aal age disna come it[s] leen (itsel)   B; [F]; (K)

4. Aal maids' bairns are aye weel bred   B
    (Old maids don't have any children)

5. Aal meen('s) mist bodes new meen('s) drift   A; B; (F)
    Mist at the old moon means snow-drifts at the new

6. Aathing his an eyn bit a (mealie) pudden his twa (D); F

7. A bonnie bride's easy (seen) buskit   (B); F
    A pretty bride needs little adornment

8. A brunt bairn dreids the fire   B; F

9. Accidents'll happen till a forkytail crossin the turnpike   F

10. A change o deils is lichtsome   M

11. A coo's aye a coo by the moo   F
    Examine the mouth on buying a cow

12. Ae maan may lead a horse tae the watter bit twinty winna gar him drink   B
    You can take a horse to water but you cannot make it drink

13. Ae maan's mait is anither maan's pooshun   B

A foo maan niver hid a hungry horse

14. A feel an's sillar is seen pairtit B

15. A foo maan niver hid a hungry horse F

16. A fusslin maiden an a crawin hen is nae mowse aboot nae maan's toon F

17. A gie-in han's aye gettin F

18. A gien horse sudna be leukit in the moo B; F
Don't look a gift horse in the mouth

19. A greedy maan his lang airms B

20. A green Eel maks a fat kirkyard B; F
Mild weather at Christmas can have a fatal effect

21. A gweed company's seen skailt A
Good company is soon dispersed

22. A gweed tale canna be ower aften taal B

23. A gyaan fit is aye gettin B; F *cf.* An eident haan . . .
     Diligence brings rewards

24. A hairy maan's a happy maan, a hairy wife's a
     witch F

25. Ahin in the mornin, ahin aa day F

26. A Janwar haddock gars ye like the lads B

27. A kiss withoot a beard's like an egg withoot saat F

28. A labour o love naither fulls the belly nor haps the
     back B

29. A lee in jest is a sin in earnest B; F

30. A len sud gang laachin hame B
     Pay well for a loan

31. A little spark maks muckle wark B
     A slight splash makes a lot of work

A hairy maan's a happy maan, a hairy wife's a witch

32. **A maybe's nae a (gweed) honey bee** (B); F
"Maybe" is not a helpful answer

33. **A mittent cat disna tak mice** B
Working with gloves on is not always advisable

34. **An aal fiddle plays sweetest (the best tune)** F

35. **An aal fire's seen kennelt** F
(Used of a renewed quarrel or love affair)

36. **An eident drap pierces a steen** B
A constant drop wears away the stone

37. **An eident haan's aye makkin** B *cf.* A gyaan fit . . .
Industry brings rewards

38. **A new besom (aye) swypes clean** (B); F

39. **A nod's as gweed's a wink till a blin horse** B
A hint should be taken when offered

40. **An oor i the mornin is wirth twa at even (nicht)** B; (F)

41. **An unce o Mairch styoo is wirth a ton o gowd** B
(Dry weather is needed for sowing, if the seed is not to rot)

42. **A peety for a paris that the priest sid wint a wife** B

43. **A preen i the day is a grot i the year** B
Small things mount up

44. **A rinnin hare's aye for the catchin** F

45. **A rollin steen gedders nae moss** B

46. **A silken Mononday maks a harden wik** B
A good start to the week can't be sustained

47. **As lang's fowk's born barfit, the sooter winna wint a job** A

48. As lang's the birdies sing afore Canlemas, they'll greet as lang aifter't F

49. A sorry hert's aye dry B
(An excuse to have a drink)

50. A stannin seck fulls best B; F

51. As the aal cock craas (sings), the young een learns (B); F
Youth imitates age

52. As the soo fills, the draff soors B
cf. It's the soor . . .

53. As weel dream o the deil's the minister F

54. As ye dee yersel, ye dreed yer neiper B

55. As ye mak yer bed, sae maan ye lie (on't) B; (F)
You've made your bed, now you can lie on it

56. A teem bowie maks maist soon F
Empty barrels make most sound

57. A tippeny cat can (wull get leave tae) leuk at a king (B); F
A cat can look at a king

58. Atween twa steels ye're sure tae faa throwe B

59. A wittert thing haads weel F

60. A workin wife maks a waach dother F

61. Aye dee the richt gate tho aa the warl wunner at ye B
Always do right, though the world may wonder

62. Aye strik the iron fin it's het B

B

63. Beauty's (Byowty's) bit skin deep (an nae that eence ye start scrapin) (B); F

64. Beauty's bit skin deep; an ugliness is tae the been F

65. Be gweed an ye'll growe bonny F
(Said as a farewell remark)

66. Be servan tull yersel or yer bairns come o age B; F
Go and fetch something instead of asking for it

67. Better (a) finger aff nor aye waggin (B); F

68. Better a livin cooard nor a deid hero F

69. Better an aal maan's dauty (darlin) nor a young maan's forsaken (feel) B; (K)

70. Better a teem hoose nor an ull tenan B; F

71. Better beets nor sheets F
cf. Better tae weer sheen . . .

72. Better belly-rive nor gweed mait spylt (be connacht) (F); M
Better a surfeit than see good food wasted

73. Better deid than pinin F

74. Better hain weel than work sair F

75. Better oot o the queets nor oot o the fashion B; F
Better to break your ankles than be out of the fashion

76. Better some fun nor aa arnest B; F

77. Better speak bauldly oot nor aye be grumpin B

78. Better stop in mid-watter nor gae throu an droon B
Better to stop halfway and avoid disaster

79. Better tae weer oot nor rot oot B

80. Better tae weer sheen nor sheets B
Better to be alive than dead

81. Better the kent ull nor the gweed untriet B
Better the devil you know

82. Bitin an scrattin is the Scots wye o wooin B

83. Blaa yer ain horn, for neen'll blaa't till ye F

84. Bleed's thicker than watter B

85. Boo the wan fin it's green F
Train people when they're young

86. Broken breid maks hale bairns B; F

C

87. Caal kail het again is aye pot-tastit B; F
Warmed up food always tastes of the pot

88. Cadgers sudna cry "stinking fish" B
cf. Ye niver heard . . .
The pot calling the kettle black

89. Cheenges are lichtsome; an feels is fond o them B; F

90. Clean yer nain door-steen afore ye leuk at yer
neiper's B
(Pot and kettle once again)

91. Cloot the aal, the new is dear F

92. Come unbidden, ye wull sit unsert   B

93. Contentit wi little, canty wi mair   K

94. Corn maan be sair needin thrashin, fin it gangs tae the mull on its ain feet B
(Comment on something unusual)

D

95. Dinna coont yer chuckens afore they're hatched   B

Dinna coont yer chuckens afore they're hatched

96. Dinna pit yer haan farrer oot nor yer sleeve wull gang B Don't over-extend yourself

97. Dinna tak grup o a deer's horns or he's deid B
Don't act prematurely

98. Dinna tak the doo or ye hae the doocot F
Don't be precipitate. (Usually of marriage)

99. Dinna tell yer grunnie the wye tae set eggs B
Don't state the obvious

100. Dirt's luck F

101. Doctors differ an sae dis diseases B

102. Dreams are aye conter F

E

103. Easy kittle, easy coortit, easy made a feel o B
(Cautionary words for a young girl)

104. Een mair, een less F
One more thing done is one less to do

105. Eence mair, eence less F

106. Efterneen thunner bodes drucht F

107. Eneuch's as gweed's a feast B; F

F

108. Faar the dyke's laich, it's easy lowpit F

109. Faar there's reek, there's heat B; F
There's no smoke without fire

110. Facts are chiels that winna ding   F
Facts won't be beaten down

111. Fair excheenge is nae robbery   B; F

112. Fant hert niver wan fair dame   M
Faint heart never won fair lady

113. Far fowls hae fair fedders   B
Distance lends enchantment to the view

{Fat . . . see *Fit* . . . }

114. February fulls the dyke, either black or fite (be it black or be it fite)   F

115. Feels an their siller is seen pairtit   B

116. Feels laach at their ain sport (fun)   B; (F)

117. Feels sudna hae chappin steens, nor wyvers guns   B
(Said on removing stones from a child)

118. Feels sudna see half-deen wark   B

119. Fin a maan's doon, aabody rins ower him   B

120. Finnin's keepin   F

121. Fin (the) drink's in, (the) wit's oot   B; (F)

122. Fin the minister gyangs in at the front door, the servans slip oot at the back   A

123. Fireside sodgers niver won a war   F

124. First come best sairt   F

125. Fit canna be curet maan be enduret   B; F

126. Fit fowk disna ken, they're nae angry at   B; F

127.   Fit gweed's an umberella, fin yer sheen lats in?   F

Fit gweed's an umberella, fin yer sheen lats in?

128.   Fit's born i the been is ull tae tak oot o the flesh   B

129.   Fit's deen's nae tae dee   B; F

130.   Fit's for ye winna ging by ye   K

131.   Fit's fun's free tae keep   F

132.   Fit's got for noth is twice tae pey   BT

133. Fit's gweed tae gie is gweed tae keep   B

134. Fit's in yer wyme, ye canna pit in your tesment   B

135. Fit's keepit in at the door gangs oot at the windae   B
cf. Fit ye hud . . .
(A reference to thriftlessness)

136. Fit's naitral's nae nesty   B; K

137. Fit the ee disna see, the hert disna grieve for   F

138. Fit ye hud in at the door gyangs oot at the lum   A
cf. Fit's keepit . . .

139. Fit ye've niver haen ye niver miss   F

140. Flee heich an ye'll lan amon dirt   F

141. Flee laich an ye winna hae sae far tae faa   B
Don't be over-ambitious

142. Flee laich, flee lang   F

143. Forc't prayers is nae devotion   A; B

144. Fowk'll say aathing bit their prayers; an they fussle
them   A; B
(*or* after the phrase, *So they say*: They say aathing . . .)   (F)

145. Fun gear's gweed tae keep   F
Finders keepers

G

146. Gart girss is ill tae growe (an fite steens is ill tae
chow)   A; B; (F)
Forced grass is hard to grow well. (Said when compelled to do
something)

147. Gin (If) ae sheep gangs ower the dyke, the rest seen follows (F)

Gin (If) ae sheep gangs ower the dyke, the rest seen follows

148. Gin (If) Mairch comes in like a lion, it'll gang oot like a lamb (F)   (and *vice versa*)

149. Gin (If) the caat washes ower its lugs, there's gaan tae be rain (F)

150. Gin ye get the name o early risin, ye may lie in yer bed aa day B

151. Gin ye mairry a tinker, ye maan cairry the pails B
You must take the consequences of your actions

152. Gin ye're tae be droont, ye winna be hangt B

153. Gin (If) ye sing afore brakfist (syven), ye'll greet afore even (elyven) (F)

154. Gin (If) ye wid be a lang liver, aye sweel the kail fae yer liver   (B); (F)

155. Gin (If) ye wint tae be thrifty, tak a saat herrin tae yer brakfist an ye'll live on watter aa day   (F)

156. Glum folk's nae easy guidit   B

157. Greater rogues dee in their beds nor fat's teen oot tae be hangt   B

158. Growin loons are aye hungry   F

{Gweed aye helps . . . *see* The Lord (aye) helps . . . }

159. Gweed folk's scarce   BT

160. Gweed gear gangs in little bouk   F
cf. Gweed things . . .

161. Gweed midders hiv een i the back o their heid (in the howe o their neck)   F

162. Gweed niver sent the moo bit He sent the mait   B
God will provide

163. Gweed things is aye made up in sma parcels   B

H

164. Hain a spunk an buy a drifter (Banff proverb)   F

165. Hain yer ain an weer yer neeper's   F

166. Hair an hair mak(s) the carl bare (beld)   B; (F)
Give a little here and there an you'll end up with nothing

167. Hair an horn growe gran on shargers   B; F
(Neither hair nor horn is profitable compared with beef)

168. Harkeners niver hear gweed o themsels B
Eaves-droppers never hear good of themselves

169. Hens aye gang tae the heid o the heap B

170. He that grieves maist, grieves maist for wastit time F

171. He that his rowth o butter may butter his breid on baith sides F

172. He that lippens tull a lent ploo will hae his lan lang in leys B
Whoever depends on a borrowed plough will have grassland for longer than most

173. He that lives langest'll laach last F

174. Het love geyan aften seen kweels B

175. Hunger's gweed kitchie F

I

{If . . . *see* Gin . . . }

176. Ilka cock craas maist croose on his ain middenheid B
It's easy to be forthright in the privacy of home

177. Ilka craa thinks its ain breist the fitest B
cf. Ilky een thinks . . .

178. Ilka (Ilky) dog his their (its) day B; (F)

179. Ilka een sud winna on his ain cannas B
Lit: Everyone should winnow on his own canvas. Paddle your own canoe

180. Ilka leear sud tell his owthor B

It niver rains bit it poors

181.   Ilky blade o girss his its ain drap o dew F

182.   Ilky een thinks his ain craa the fitest F
cf. Ilka craa . . .

183.   Ilky little maks a muckle F
(*Mickle* for *little* is erroneous)

184.   Ill dee-ers are aye ill dreeders (dreaders) B; (F)
Evil-doers expect others to do evil

185.   Ill gear bides weel B

186.   It needs aa kine o fowk tae mak a wardle

187.   It niver rains bit it poors

188.   It's a bad sign spikkin tae yersel F

189.   It's an aafu thing sweerty F

190.   It's an ill win that blaws naebody gweed B; F

191. It's an ull tack that wints a tenan B
It's a bad farm that has no tenant

192. It's a peer belly that canna heat a caal drink F

193. It's a peer hen 'at canna scrape tae ae chucken B

194. It's a peety tae spyl a story in the tellin o't F

195. It's a quait (weel) pitten-tee fire that naebody sees the reek o A; (B)
You can't keep trouble quiet

196. It's a sair sicht fin the moose leaves (teets oot o) the girnal wi a tear in its ee F

197. It's aye best tae hae twa bows tae yer fiddle B

It's aye best tae hae twa bows tae yer fiddle

198. It's aye better tae hae tae pit on yer hat an coat tae gang an see yer freens (relations) F
(Better than staying with them)

199. It's aye gweed tae hae yer cog oot, fin it dings on kail M
Seize your opportunities, when they present themselves

200. It's aye kent the mullert keeps fat hogs; bit naebody kens faa feeds them F

201. It's aye the warst-fittin kwyte that's nae peyt for B

202. It's better tae live in hopes than dee in despair F

203. It's better tae haad oot nor pit oot B
or It's easier haaden oot nor pitten oot A
Prevention is better than cure

204. It's braw hudden hale Eel in anidder maan's pantry B
It's good to have a high old time at someone else's expense

205. It's easier tae mourn the deid nor the livin B

206. It's easy pairtin wi the thing that's nae yer ain F

207. It's easy to cut a big thong oot o anidder maan's ledder B

208. It's gey kittle wark makkin a feel o a feel F

209. It's gweed tae see gweed an follo aifter't B

210. It's gweed watter that springs o wull B

211. It's nae aa gowd that glitters, nor yet aa siller that shines B

212. It's nae for naething the gled fussles B
There's a reason for everything

213. It's nae lost (loss) fit a freen gets   F; (K)
It's nae tint (nivver lost) that a freen gets   (A); B

214. It's nae muckle eese trying tae tak twa bites o a cherry   F

215. It's the aal that wins the new   F

216. It's the belly that haads up the back   BT; F

217. It's the biggest leear gets the biggest cheer   F

218. It's the hicht o bad manners an greed tae tak butter an jam on a biscuit   F

It's the hicht o bad manners an greed tae tak butter an jam on a biscuit

219. It's the soor soo that sooks up the draff F
(Possibly an erroneous mixture of "As the soo fulls, the draff soors"
and "The stull soo sooks up the draff")

220. It's tint gweed at's deen tae bairns an aal folk B
It's a waste of time being kind to the old and the very young

221. It taks (needs) aa kin o fowk tae mak a wardle
(B); F

222. It taks a wise man tae act the feel F

223. It wisna for naething that the cat lickit the steen M
There's a reason for everything

224. Ivry houn his its strong pynts bit some hae mair nor
idders B

J

225. Jealousy'll get ye naewye F

226. Jenny Fautless is ill tae get B
No woman (or no one) is perfect

227. Jock o mony morns says aye "We'll dee't the morn" B
Procrastination is the thief of time

K

228. Kail at hame's nae kitchie A; B; F
Familiarity breeds contempt

229. Keep a thing siven year an ye'll get a eese for't B; F

230. Keep the day an the wye alike F

L

231. Lang sick, seen hale   F

232. Learn young, learn fair   B

233. Leears wid need tae hae gweed memories   B

234. Least said, seenest ment   B

235. Leuk afore ye lowp   F

236. Licht an love winna hide   B

237. Like draas tae sic like   B
Birds of a feather flock together

238. Lippen tae yersel, gin ye wint tae win throwe   B
Depend on yourself, if you want to succeed

239. Little dis the peer gweed an as little dae they get   B

240. Little gars a feel laach   F

241. Little's fun till a feel   F

242. Little thocht tae (Little wit in) the heid gies muckle traivil tae the feet (*or* Little in the pow maks muckle wark for the feet)   B; (F)

M

243. Maister's wull is gweed service   B

244. Mey chuckens is aye cheepin   B

245. Money maks the horse tae go   B

246. Money's made roon tae gang roon   F

247. Money's made (roon) tae rowe F

248. Mony a bonnie face his little grace B

249. Mony a een despises the dish they'd fainest lick F

250. Mony een coorts the mither for the sake o the dother B

251. Mony een says "Weel, weel", fin it wis niver waar wi them B

252. Mony een sits on his neiper's kwyte tails B
Lives on his neighbour

253. Mony een speirs the road tae Aiberdeen 'at bides i the Aulton B

Mony een speirs the road tae Foggyloan that kens braa weel F
Many ask what they already know

254. Mony haans mak licht wark B

255. Mony smas mak a great B

256. Motty saat is gweed eneuch for hairy butter B; F

N

257. Nae eese bidin in Rome an strivin wi the Pope F
or Ye canna bide in Rome an strive wi the Pope B

258. Nae eese o haein an wintin baith F

259. Nae news is gweed news B

260. Naething's fool 'at watter waashes B

261. Near deid niver helpit the kirkyaird (nor yet the bellman's pooch) B; (F)

262. Nearest the hert, first oot B
Thought commands speech

263. Needs must fin the Deevil drives B

264. New lairds hae new laws B

265. Niver an ull bit there mith hae been a waar B
Things could always be worse

266. Niver's a lang time F

O

267. Onything dis at hame F

268. Onything sitts a weel-faart face, though it wis only (a neuk o) the dishcloot B; (F)

P

269. Pit a stoot hert till a stey brae B; F

270. Pit *canna* in yer pooch an try F

271. Pot canna say "blaik" tae the pan B
or Pottie canna cry black airsie tae the pannie F
The pot calling the kettle black

272. Pride gangs afore a faa B

273. Profits winna hide F
(Said to someone who has just laid out some money)

S

274. Sair wark's nae easy an warkin sair is little better   B

275. Sane mithers hiv feel loons   F

276. Seein is believin (bit fynin is certain verity)   (B); F

277. Seener yokit, seener deen   F

278. Shargers like tae be hich   B
Short people like to be high up

279. Short accoonts mak lang freens   B

280. Sic company as ye tak up wi, sic company ye'll be teen oot wi   B

281. Sic mannie, sic horsie   B; F; K
Intimacy, or kinship, breeds imitation

282. Sic sawin, sic reapin time   B
As you sow, so shall you reap

283. Slow at mait, slow at wark   F

284. Smith's meer an the sooter's bairns are aye the warst shod   M
cf. The sooter's wife . . .

285. Soap weers an dirt rots   B

286. Some fowk's aye seein ferlies   F

287. Speak o the Deil an he'll appear   BT

288. Speir nae questions an ye'll be taal nae lees   BT

289. Still watters rin deep   F

290. **Sunday's rain's affu weetin** F
(Said to one who won't go to church because of rain)

Sunday's rain's affu weetin

291. **Sweer folk aye bode ull (coorse) widder** B; (F)
Lazy people portend bad weather

292. **Sweirty (Sweerness) is an ull enemy tae thrift** B; BT

T

293. **Tae dream o the deid's tae hear o the livin** F

294. **Tak awa Aiberdeen an twal mile roon an fit hiv ye?** K
(Attributed originally to the Inverurie painter James Cassie. At an artists' dinner, where both Edinburgh and Glasgow claimed to be the fountain-head of Scottish art, Cassie interjected: 'Deil a bit! There's Jamesone, Dyce and Philip. Tak awa Aiberdeen . . . ' etc)

295. Tak fit ye hiv an ye'll niver wint F

296. Tak mustard; it'll keep o itsel F

297. Tak tent in time, ere time tine ye B

298. Tak yer ain fails tae big yer ain dyke B
Fend for yourself

299. Tastes differ an sae dis doctors drogs B

300. Tell the trowth an it'll tell twice B

301. Tell the truth an shame the Deil F

302. The back o een is the face o twa B

303. The back's aye fittit for the burden B

304. The better (the) day, the better (the) deed B; (F)
(Justifying work on the Sabbath)

305. The crackit stoop gangs langest tae the waal B
Faulty equipment prolongs the work

306. The Deil's aye kine (gweed) tull's ain A; B; (F)
The Devil looks after his own

307. The East win's a caal win fitiver airt it blaa fae F

308. The ee o the maister maks the horse tae go B

309. The fat soo's airse is aye weel creeshed F

310. The feel an the wise tig thegither – till the feel gethers wit F

311. The grey mare's the best beast B
(Reference to the woman)

312. The hetter war, the seener peace B; F
The worse things are, the sooner they'll be over

313. The langest lane his aye a turnin B

314. The Lord (Gweed aye) helps them that helps themsels
(B); F

315. The mair ye hiv, the mair ye get F

316. The mair ye hiv (get), the mair ye wint F

317. The meen's neen the waar though the doggie bark
at it F

318. Them that burns their airse his tae sit on the blister F

319. Them that buys beef buys beens M

320. Them that dis fat they're bidden deserves nae
dingin B
The obedient deserve no beating

321. Them that gangs coortin the lasses maan temper their
niz tae the east win B
Wooers should be prepared for rebuff

322. Them that guides fin they hae can guide fin they
hinna F

323. Them that his a lang niz (nose) is (are) aye takkin tae
them B; (F)
If the cap fits, wear it

324. Them that lives langest sees maist ferlies B; (F)
Those who live longest see most curiosities.

325. Them that's aye gyaan's aye gettin F

326. Them that's bun maan obey A
Those who are bound (by contract) must obey

327. Them that sees ye aa day winna brak biggin for ye aa nicht B

328. Them that's in love's like nae idder bodie B

329. Them that speirs aathing should be teelt naething B

330. Them that stan on a knowe is sure tae be notist B

331. Them that's sweer in trav(a)il wull niver see grace on their handiwark B

332. Them that wytes weel betides weel B
Those who wait well fare well

333. The nearer nicht (een), the mair beggars F

334. The nearer the Kirk, the farrer fae Gweed (grace) B; (F)

335. The peer('s aye) are hudden peer A; (B)
The poor are always kept poor

336. The (Piggie) pig gangs aye tae the waal tull ae day B; (F)
One may do a thing too often

337. The preef o the puddin is the preein (aetin) o't (B); F

338. There's a lot o killin in a cyard F

339. There's as gweed fish in the sea as iver yet cam oot o't (wis teen) (B); F
(Encouragement to one who has lost a sweetheart)

340. There's a time an a place for aathing F

341. There's (aye) a mids in the sea F

342. There's aye a muckle (*or* weet an) slippy steen at ilka bodie's door; [an some hae twa] [B]; (F); K

343. There's aye a something F
Nothing is ever perfect

344. There's aye some watter far the stirkie droons B; F; K
There's no smoke without fire

345. There's mony a thing made for the penny F

346. There's mony a true wird spoken in jest F

347. There's nae feel like an aal feel B
There's nae feels like aal feels F

348. There's nae motes in the moss F
(Said when someone drops his *piece* when working at the peat)

349. There's nae place bit fit there's a hail shooer in files F
There's an occasional row in every house

350. There's nae proof till a trial F

351. There's nae reek in the livrock's hoose B

352. There's nae sin o a merry myn (hert), as the wifie said fin she gid fusslin ben the kirk (on Sunday) (A); B

353. There's naething gotten bit faar it is F

354. There's niver a hicht bit there's a howe F

355. There's niver an ill bit there's a waar F

356. There's ull an gweed aiven amo the kyards BT

357. The rinnin maan gets aye the road B
cf. The wullin horse . . .
The industrious man gets most to do

358. The snail an the swalla win aa alike at even BT; F
(In the cover of darkness)

359. The sooter's wife an the smith's meer (shalt) is aye the warst shod B; (F)

360. The stull soo sooks up the draff B
Much can be gained from quietness

361. The thicker the meal-an-ale, the better the neist ear's crap F
(*Meal-an-ale* is a dish eaten at the end-of-harvest celebration of the same name)

362. The thickest skin haads langest oot B

363. The thing that fears ye wull fup ye up B

364. The truth tells best an it tells twice F

365. The warld's ill-pairtit F

366. The wullin horse gets aye the load (the teuchest rug) B; (F) *cf.* The rinnin maan . . .

367. They niver bodit for a silk goon bit got een F

368. They niver gae wi the soord bit got wi the scabbard B
Those who live by the sword die by the sword

369. They're aye gweed 'at gies ye onything B

370. They're far ahin that daarna follow B; F

371. They're fond o fairmin that wid harra wi the cat B

372. They're fond o fish that fries the scrubber F

373. They're weel guidit that Gweed guides (bit hard caad that the deevil guides) B

374. They sud be hangt that his nae contrivance an droont that his ower muckle B
Inventive capacity is a good thing in moderation

375. Thiggers widna need tae be bashfu B
Beggars shouldn't be bashful

376. Things winna bide an gyang tee F

377. Think twice afore ye spik eence B

378. Thocht can kill an thocht can cure F

379. Thunner maks the widder or braks the widder F

380. Time aboot's fair play B; F

381. Twa fytes disna mak ae blaik B

382. Twa heids is better nor een (though een o them shid be bit a sheep's heid) F

383. Twine the rash fin it's green F *cf.* Boo the wan . . .

U

384. Ull deers is aye dreeders B
Those who do evil expect others to do the same

W

385. We maan provide for the day we may niver see B

386. We're aa Jock Tamson's bairns A; F

387. Willie dis a lot F
Where there's a will, much can be done

388. Wint fin ye hae an wint fin ye hinna, that's eternal
wint F

389. Wyde weel an ye'll niver wint A
Weed well and you'll never want.

Y

390. Ye aye mizzer ither folk by yer ain ell-wan B
You always judge others by yourself

391. Ye canna be twa wyes at eence F

392. Ye canna fish twa sides o the watter at eence F

393. Ye canna mak a feel o a born eediot B; F

394. Ye canna mak a playack o fire or it'll leave its mark B

395. Ye canna mak a silk purse oot o a soo's lug B

396. Ye canna pit an aal heid on young shooders B; F

397. Ye canna tak the breeks aff a Hielanman B
(He wears the kilt)

398. Ye ken yersel faar yer ain shee grips ye F

399. Ye'll live lang aifter (ahin) ye're laachen at A; (F)

400. Ye maan learn tae creep afore ye can craal F
or Creep or ye gang . . .

401. Ye may ding the deil intill an umman bit ye'll niver
ding him oot o her B

402. Ye needna greet ower skailt sowens F

403. Ye niver heard a cadger's wife crying stinkin fish
(herrin) F
cf. Cadgers sudna . . .

404. Ye niver miss the watter till the waal rins dry F

405. Ye're aye feart o the death ye'll niver dee B

406. Ye're better o help tae aathing bit mait F

407. Ye're niver ower aal tae learn F

408. Ye shape yer sheen bi yer ain shachelt feet B

409. Ye winna dee tull yer day come B

410. Ye winna get mair oot o a soo nor a grumph B; F

411. Ye winna tak oot, if ye dinna pit in F

SAYINGS

A

412. Aa ae oo B
All the same wool

413. Aa (aye) ahin like the coo's tail (B); F; (K)

414. Aafa times! Canna get yer finger in o a steen F
(Said when times are hard)

415. Aa her taste's in her moo K

416. Aa in ma moo that ma cheeks can haad B
Enough of anything

417. Aa tarrt wi ae stick B; F
All of a kind

418. Aa wye an thort B   Everywhere

419. A beemfullt geet B   A fat, or spoiled, child

420. A belt pow B   A bald head

421. A better soo by the lug B
Something better in hand than is offered

422. A bodie I widna meal in wi B
Someone I wouldn't trust too far

423. A bonnie picter o loveliness aa tae be wastit on ae maan F
(Used ironically of an ugly girl)

424. A case o the kettle cryin *coomie* tae the pot F
The pot calling the kettle black

425. **A chate-the-wuddie** B
A criminal; rogue

426. **A causey sant an a fireside demon** B
A saint outside and a devil at home

427. **A clean gird on a sharny cog** B
Clean without, dirty within

428. **A coo's lick** K   A wave over the forehead

429. **A crap for corn an a bag for rye** B
(Indicative of greediness)

430. **A doo awa bit a deil at hame** F
cf. **In deil oot doo** B
One who is pleasant to others but not to his own family

431. **A doo's clyckin** B   A pigeon's brood; two

432. **Aet it up an help awa wi't** F
(Said as an encouragement to eat unappetising food)

433. · **Aet the deil an drink the sea like Johnny Duguid's hens** B
Greedy

434. **A face like a dish-cloot** B
A white face

435. **A face like a nor-wast meen** B
A red face

436. **A face on him wid spen a littlin** BT

437. **A face that wid soor milk** F
A discontented face

438. **Aff o the earth an doon tae Buchan** B
(Expressive of Buchan's uniqueness)

439. A fine day for deuks an mullarts B
A wet day

440. A fine moo for sookin blin lumps F
A large mouth

441. A glaikit (glacket) stirk B
A foolish or inattentive person

442. A gweed doon-sittin B
A good home for a bride

443. A Gweed's blessin BT
A good thing

444. A gweed servant bit a bad maister F
(Used of fire, money etc.)

445. A hedgerow sant an a fireside deil M
cf. A causey sant . . .

446. A heid like a hedder besom B
(Descriptive of strong thick hair)

447. A hoose deil bit a caasey saint F
cf. A causey sant . . . ; A hedgerow sant . . .
One who is pleasant to others but not to his own family

448. A hoose like a byre B
An untidy house

449. Aiberdeen an time tullt B; F
(Said of a woman who, on seeing the Loch of Skene, took it for the sea)

450. A lang aboot road tae win seen hame B
A roundabout way home

451. A lang road an fyow hooses; an as unceevil fowk in them F

452. A moo that wid tie wi a fit-raip F
A large mouth

453. A muckle heid an little in't F
A muckle heid an little wit B

454. An ae-faul chiel (chap) (B)
A sincere fellow

455. Aneuch tae pooshin snipes F
Bad-tasting

456. A new Meg o an aal Mary B
A new thing out of an old

457. A nip o the Auld Kirk B
A nip of whisky

458. A peer o anither tree B
An altogether different kind of person

459. A raffy weel-stookit crap B
An extra good crop

460. A rale gar-me-true B
A false person

461. A rale stook-o-rags B
One whose clothes are torn

462. A raxin conscience B
One that stretches according to circumstance

463. As aal's the hills F

464. A sair traachle B   A great struggle

465. As bare as the birks at Eel (even) B; (F)
Poor, destitute

466. As big's bul beef B; F   Full of pride

467. As bitter (?) as the links o the crook B
Sooty

468. As black's a craa/as pick/as sitt F

469. As black's the ace o picks B; F
(As the ace of spades)

470. As blin as a mole (a bat) B; (F)
(A mole has eyes but they are covered)

471. As blunt's a beetle F

472. As braid as a barn door B
(Said of a stout person)

473. As braid's the side o a hoose F
(Said of a stout person)

474. As busy's a bonnet-makker F

475. As cankert's a coo wi ae horn A; B
Ill-tempered

476. As coorse as cat's dirt F

477. As crookit as a buckie BT

478. As deef's a doornail B; F

479. As deep as Loch Ness F

480. As Earl Marischal says, "Lat them cry" F
(Variant of the motto of Marischal College, Aberdeen University)

481. A seck fu o sair beens B
A proper thrashing

482. As fat as a butter ba B

483. As fat in the heid as a fifty shillin pot F

484. As fat's a scrapit swine (soo) F

485. As fite's a sheet/a cloot/the driven snaa F

486. As foo o win as an egg is o mait B
(Descriptive of a boaster)

487. As foo (as drunk) as a piper B; (F)

488. As fushionless as a docken F

489. As gin butter widna melt in yer cheek B
Looking innocent

490. As greedy as he is godly B

491. As green's kail F

492. As grey's a tod/the mist/a road F

493. As kweed (gweed? –Ed.) as aal meal in yer kist B

494. As happy as a bleck amo trycle B; F
As happy as a black man in treacle

495. As hard as a hen's face B

496. As het as love an it's nineteen times hetter nor burnin
lead B

497. As hielan's a peat an as coorse as heather F

498. A sicht for sair een BT; F; K

499. As ill hangt as worriet F
One evil is as bad as another

500. As licht's a fedder F

501. As mim's a May puddock (a moose)   A; B; (F)

502. As mony as ye cud wag a stick at   B

503. As neat's a new preen   B

504. As peer's the link o the crook   F

505. As prood's Lucifer   F

506. As quate's pussy   F

507. As ready tae rowe as rin   B; F
(Said of stout person)

508. As reed's bleed (as a Rosehearty ingin)   F

509. As roch's the ted's back   B
As rough as the toad's back

510. As soggy's a peat   F

511. As soor's roddens   F

512. As swuppert (sliddery) as an eel   B; (F)
As nimble as an eel

513. As teuch as widdy wans   B
As tough as sticks in a wood

514. As teuch's a saach wan   B
As tough as willow cane

515. As thick in the heid as dirt in a bottle   K
Lacking intelligence

516. As thick's the motes in the sieve   F

517. As ugly's a ted   F

518. **As wersh as pottich wintin saat** B
As tasteless as porridge without salt

519. **As wily as a tod** B

520. **As yalla's a deuk** F

521. **As yalla's gweel** B; F
As yellow as a corn marigold

522. **A teyler new tae shoo, gie him room, gie him room** F
(Said jocularly to one learning to sew and perhaps using too long a thread)

523. **A tongue that wad clip cloots (an pare aal sheen)**
B; (F)
A sharp tongue

524. **A tongue wid fussle the livrocks oot o the air** B
(Said of a flatterer)

525. **At the Back o Balfuff (faar the grey meer foaled the fiddler)** F

526. **At the crag an the wuddie** B
Fighting

527. **At the red iverleevin gallop** B
In great haste

528. **Atween the deil an the deep sea** B
Between the devil and the deep blue sea

529. **A weel-fullt moggan** B
Plenty of money

530. **Aye great bows bit they're aa i the castle** B
(Said of unseemly boasting)

B

531. Be kine tae the mullart bit hang the seddler BT
(Believed to be The Horseman's Wird, the secret password needed
for membership of the Horseman's Society)

532. Better a fortun in her than wi her F
(Said of a hard-working but poor wife)

533. Bide an see F   Be patient

534. Bide the bensil o't B   Bear the blame

535. Blaan aff o the earth an doon tae Ellon F
(Said in a strong wind)

536. Blaa yer ain horn B   Praise oneself

537. Brocht up in a cairt-shed / a park / a barn F
also Born in a barn
(Said to or of one who always leaves doors open)

538. Brushin the side o yer mither's heid F
Working very lazily, without energy

C

539. Caad (it) aa tae crockaneeshin B
Broken into small pieces

540. Caal kail het again B; F   Mere repetition

541. Caal kail in Aiberdeen an casticks in Strathbogie F
(Originally from a song probably referring to George Gordon, 1st Earl
of Aberdeen, died 1720)

542. Ca awa an stop yer gange B
Get on with it and stop chattering

543. Ca awa wi yer hurlbarra though ye sidna sell an ingin F
Get on with your own work and not hinder other folk

544. Ca canny an flee laich B
Be careful and don't boast

545. Ca canny wi the butter, wir ain fowk F
(Reputedly said by a farmer to his family, meaning the butter was mainly for visitors)

546. Cast carl ower carl an hae tae tak the warst carl hinmaist F

547. Cheekie for chowie B
Cheek by jowl; very friendly

548. Cheenged day wi Kirsty Forsey B

549. Clippy clash pyot B
or Clypie, clypie clash py K
Tell-tale

550. Come intae the body o the kirk F; K
Come and join the company

551. Cowpit ower the tail B   Finished up

552. Crack yer nuts an pu yer stocks an haad yer Halloween F
(Originally from Robert Burns' Halloween)

553. Crawin like a bursin cock B   Hoarse

554. Creep or ye gang B
Walk before you can run

D

555. **Darna crook a finger at him** B
Cannot harm him

556. **"Dear be here," quo Wully Weir, "faars aa the wives gaan?"** B
(An expression used on seeing a number of women)

557. **Deil care, weel a wat** B
It serves them right

558. **Deil-ma-care** B
Thoroughly reckless (person)

559. **Deil tak the hinmaist!** B
May the Devil take whoever's last!

560. **Dicht yer ain door steen** F

561. **Dicht yer nib an flee up** B; F   Away you go

562. **Dingin on peer-men an pikestaves an the pike eyns o them naith-maist** F
(Said of a sharp, heavy shower)

563. **Dinna craa sae croose** B   Don't be so sure

564. **Dinna dee as I dee: dee as I tell ye** F

565. **Dinna get yer dander up** K   Don't get angry

566. **Dinna hing the cat in the pyock** F

567. **Dinna tak mair in yer moo nor yer cheeks'll haad** F
(Don't take on more than you can manage)

568. **Dinna tell yer grunnie the wye tae set eggs** B
Don't state the obvious

569. Dirt gyangs afore the besom B; F
(Said to one going in front)

570. Disna hae't an hud it B   Speaks plainly

571. Disna ken a bee fae a bul's fit B

572. Dreich o drawin B   Unwilling, slow

E

573. Ee claa my back an I'll claa yours F

F

574. Faa fuppit the fite fulpie doon amo the funs? B

575. Faan's she better? K
When is her baby due?

576. Faar are ye gaan? Turra! Faar, sorra, idder? B; F

577. Faar wull ye set her heid in sic a nest? B

578. Fae the teeth oot B   Insincere

579. Fair fa masel B
(Used of one who boasts of his success)

580. Fair-furth-the-gate B   Straightforward

581. Fa tell't ye? A little bird tell't me F

582. Feart at the death ye'll niver dee B

583. Feart oot o a year's growthe B

584. Fine day for the deuks bit nae for the stooks F
cf. A fine day . . .
(A common remark on a rainy day)

585. Fit a name tae ging tae kirk wi K

586. Fite the idle pin B   Be idle

587. Fit'll I get till ma denner? Sliver an sharp teeth F

588. Fit's that got tae dee wi the price o eggs (in the Green)? K
Of what relevance is that?

589. Fit's yer name, fin ye're at hame F
(A jocular way of asking one's name)

590. Fit's yours is mine an fit's mine's ma ain F

591. Fobbin like a fat kittlin B; F   Panting

592. Foo the cat didna sup the ream B
(She couldn't get it)

593. For greed come ben F
(An exclamation at extreme greed)

594. For love nor money B

595. Fuddrin aboot like a mawkin B
Moving like a hare

596. Fussle an flee up

597. Fussle fair oot B   Speak frankly

G

598. Gae hame an thresh yer Sunday's strae F
(Said of a minister seen going about on Saturday, when he should have been preparing his sermon)

599. Gang tae Buckie an bottle skate B; F

600. Gar an aal horse laach B   Make a cat laugh

601. Gart him shak in his sheen B

602. Gart set ye tho it wis only wringin the dish-cloot B

603. Gar ye tak care wi a dunt on yer riggin B
With a blow on the back

604. Geese wid aet hens throwe't B
(Said of something very flimsy)

605. Gettin throwe the meer o hecklepins F
Getting a row

606. Get yer dixie BT   Get a dressing-down

607. Gey geddert carl B   Well-heeled fellow

608. Gey nar the clawin B   Near the end

609. Gie him an inch an he'll tak an ell B; F
Give him an inch and he'll take a mile

610. Gie him't het an reekin! F
Give him a good row

611. Gie's back ma lames F
(Said when one regrets making a gift, as after a quarrel)

612. Gift o the gab B
A gift for talking

613. Gin aa tale(s) be true, that een's nae a lee
nedder B; (F)

614. Gin I be pottie, ee're pannie F
You're as bad as I am

615. Gin it be a day that birds can flee BT
If it's a fine day

616. Gin she'll no sell, she'll no soor A

617. Gin ye binna better, ye're slackit B

618. Gin (If) ye'd faan i the door, ye'd been ahin A; (B); F
You've arrived just in time

619. Gin ye hae pain for yer pech, Gweed help ye! B

620. Gin ye hidna been amo the craws, ye widna been
shot B
(Said to a party to mischief)

621. Gither yer clods or pey for yer peat road F
If you don't do your share, you can't reap the benefits

622. Gleg i the uptak B   Quick to learn

623. Glowrin at's as gin I wis yer midder an nae breid in
the hoose F
(Said of one frowning angrily)

624. Glowrin like a deuk hearkenin thunner F

625. Greater losses at Culloden F
(Said when someone complains of a small loss)

626. Gree, geets; ye'll seen be sinnert B
Stop squabbling, children. You'll be parted soon enough

627. Gree like brethren bit coont like Jews B

628. Gweed hiv a care o's! B   God preserve us!

629. Gweed nicht, soon sleep an a futrat's wakenin! F

630. Gyaan's tho ye war smoorin a laverock B
Working with little effort

631. Gya him the breeth o back B   Knocked him down

632. Gyang tae pot an bile yer heid an mak blockheid broth F
(A child's retort)

H

633. Haadin a scronachin aboot naething B
Making a fuss about nothing

634. Haadin hale Eel A; B
Keeping the old Christmas till after New Year

635. Haad on the durrie, ca awa! B
Whip the horse and go on

636. Haad on yer bonnet, the win's risin! F
(Said to a boaster)

637. Haad oot o ma licht an in o ma sicht till I see ma dother dancin F
(A nonsense way of telling someone not to block the light)

638. Haad tee the back chap B

639. Haad the hemp on the hair B
Whip the horse

640. Haad up, haad ower, the bed haads fower F
Move over a bit

641. **Haad yer heid tae the hill** B
Do the most difficult job

642. **Haad yer wisht** B   Be quiet

643. **Haans like feet an feet like fail dykes** F
(Said of large hands and feet)

644. **Hae faith an ye'll win throwe** F

645. **Hame wis niver like here** B
(Where one is very comfortable)

646. **Hastenin tull his en like a moth tae a canle** BT

{Haud . . . *see Haad* . . . }

647. **He aye his a finger in the pie**
or **He his a finger in ilky pie** F
(He's always involved or interfering)

648. **He aye turns up like the ill penny** F

649. **He canna mak saat till his kail** F
He can't earn a living

650. **He canna redd his feet** F
He can't get clear of debt

651. **He canna see an inch afore his nose** F
He's improvident

652. **He canna store the kin lang** B
Preserve the ancestral line; live long

653. **He cowpit himself ower the tail** B
He dealt in horses or cattle to his loss

654. **He cudna say *bzz* tull't** B
He couldn't compete

655. He didna get kinely clockin B
He was poorly nurtured

656. He didna ken which side o's tail tae sit on F
He was very hard up

657. He dis gweed, like a cat, throwe ull-intintion B

658. He disna aye ride fin he saidles B; F
He doesn't always go or do when he says

659. He disna care a docken F

660. He disna ken a bee fae a beetle (a bul's fit) BT; F

661. He disna lat the girss growe aneth his feet B

662. He drew the breers ower's een B
He made believe

663. Heels ower gowdie B   Head over heels

664. He fair thocht he wis Airchie Pluff; an him jist
Airchie's brither K
He had an unwarrantably high opinion of himself

665. He gaed throwe ma fingers like a knotless threid B
He slipped away from me

666. He his aye his horn in somebody's hip B
He is always doing something spiteful

667. He his mair sense in's little finger than you hiv in yer
hail heid F

668. He hisna a lease o's moo: it's fae ear to ear F
(Said of a large mouth, with a pun on *ear* and *year*)

669. He hisna his sorras tae seek F; K *cf.* They hae (hinna)
their sipper . . .

670. He hisna the sense (wit) o a sookin teuchit B; (F)
Of a sucking lapwing. (More probably "soughin" = wailing. Ed.)

671. He hisna the spunk o a moose F

He hisna the spunk o a moose

672. He jist opens his moo an lets his belly rummle K
He talks nonsense

673. He kens fin he his a gweed soo by the lug F
cf. The vrang soo by the lug
He knows when he's on to a bargain

674. He kens fit's fit an faa's Donalie's faither F
(Said of a shrewd person)

675. He kens fit side his breid's buttert on F

676. He kens muckle that kens fan tae speak bit far mair that kens tae haad his tongue F

677. He kens the richt side o a penny F

678. He lays up like a laird bit seeks like a loon B
He's given to selfish greed

679. He'll ca his pack till a pirn F
He'll go bankrupt

680. He'll get his kail throwe the reek B; F
He'll get a scolding

681. He'll hear fine fin ye say "hae" B
When you give him something

682. He'll naither lead nor ca F   He's stubborn

683. He'll tak the warl by speed o fit B; F
He's doing all he can to be rich

684. He loot the caat oot o the pyock F

685. Help yersel. Ye're at yer blin untie K

686. He niver said "Collie, will ye lick?" F
He didn't offer a share

687. Her cradle hid a hard rock B
She had a difficult life

688. Here for a day an a denner F
Here today and gone tomorrow

689. Here's yer hat. Fit's yer hurry? K

690. Here the day an awa the morn B; F

691. He's a bit o a lad K
He has a way with the girls

692. **He's a bittie stan-yont** F
He's rather stand-offish

693. **He's a bittie the waar for weer** K   He's drunk

694. **He's an ill guide o himsel** F

695. **He's aye tae seek fin he sud be tae show** B
He's never there when you want him

696. **He's aye thinkin aboot his belly** F

697. **He's fairly feddert his ain nest** B; F
He has looked after his own material interests

698. **He's feel for himsel** F
He acts contrary to his own interests

699. **He's got girsy stibbles tae lie on** F
He's well off

700. **He's gyaan fae the haugh tae the hedder** B
From better to worse

701. **He's his ain warst freen** F
(Said especially of one who drinks)

702. **He's histin tull his eyn like a moch tull a canle** B

703. **He's jist Gweed's handiwork, tho neen o the finest** B

704. **He's nae as black's he's pentit** F

705. **He's nae sae blate's he leuks** F

706. **He's nae tae haud nor bin** B
He's hard to control

707. **He's nae tae ride the watter on** B; F
He's not to be trusted

708. **He's nae the berry nor yet the buss that it grew on**
B; F
He's not the one

709. **He's nae wyce** K He's foolish

710. **He's needin aa his time** K
He's managing with difficulty (perhaps due to drink)

711. **He's only needin a hair tae be a tether** B
He's making a great fuss about nothing

712. **He's ower aal a bird (sparrow) tae be teen wi caaf**
B; (F)
He's too old not to know what's what

713. **He's set doon the barra** F He's gone bankrupt

714. **He starts at straes an lets winlins gang** F
He strains at a gnat and swallows a camel

715. **He's surely been by the smiddy** F
(Said of a sharp-tongued person)

716. **He's worth the watchin** F
(Because he'd cheat if he could)

717. **He taks a bucket** K He drinks a lot

718. **He wid fussle the livrock (laverock) oot o the air**
B; (F) *cf.* A tongue wid . . .
He has a persuasive tongue

719. **He widna caa the king his cousin** B
He's uncommonly proud

720. **He widna even pairt wi the dirt below his nail** F
He's very greedy

721. **He widna mak a patch till his fadder's breeks** F

722. He widna say "Boo" till a goose F

723. He wid rake hell for a saxpence B
He's very mean with money

724. He winna full his ain pooch F
He'll never make himself rich

725. He winna sell his hen on a rainy [weety] day (nor yet his cock in win/nor yet his dog in drift) A; [B]; (F)
He's a shrewd businessman

726. He wis rowpit oot stoop an rope B
All his possessions were sold by auction

727. He wis tearin in as if he wis gaan tae redd fire F
He was working fast

728. Hingin be the breers o the een (be the back teeth) F
On the verge of bankruptcy

729. Hint nor hair B   The slightest trace

730. Hirstle yont B   Move along a little

731. His aal bress wull buy a new pan B
cf. She thocht her aal bress . . .
An old man's money may entice a young man

732. His breeks lie gey near his leg B
He is mean with money

733. His heid's in a creel B   He sees nothing

734. Hit twa dogs wi ae steen B
Kill two birds with one stone

I

735. I canna hear day nor door for yer din B

736. I canna see a styme B   I can't see at all

737. X: "I canna see." Y: "If ye come tae ma moo,
I'll tell ye". F
(Said when it turns dark in the course of a meal)

738. X: "I canna see." Y: "Pit yer finger in yer ee an mak
starn-licht." F

739. I ceest ma kwyte an till't again B
I cast my coat and set to work again

740. I changed ma myn an bocht a scone F; K

741. I cud aet green an grey B   I could eat anything

742. I cud drink the Don an sook the banks B
I have a raging thirst

743. I cud drink the sea dry B

744. I dinna keep sorra langer nor it keeps me B
(Said in convalescence)

745. I dinna ken if ma heid or ma heels is eemaist F
In a spin

746. If I dee o aal age, it's time ye hid yer will made B
We're of the same age

747. If! If the lift should fa an smore the laverocks, faar wid
ee be? F

748. If ye deny the trade, I'll tak wi the shame B

749. If ye dinna behave, ye'll ging doon the Kintore road F
(Threat to a mischievous child)

750. If ye hid that an yer sipper ye wid sleep B

751. I hiv an ull ee aifter that B　　　　　I want that

752. I jist aboot hid a jamaica! K　　　　I almost had a fit!

753. I ken a trick wirth twa o that B; F

754. I like ye as weel as gie ye the haaf o ma bite B

755. Ilka een tull's ain taste (There's nae accoontin for tastes), as the maan said fin he kissed the soo (coo) B; (K)

756. I'll aam yer skin tae ye B　　　　　I'll tan your hide

757. I'll be rotten or ee be ripe F

758. I'll bet ma beets B

759. Ill come, ill geen B

760. I'll dance at yer weddin F
(A jocular promise of reward for a favour)

761. I'll dee less wi mair eese B
(Refusing to do something)

762. I'll gar ye claa faar yer nae yokie F

763. I'll gar ye sing the broom A
Cry out in distress during punishment

764. I'll gie ye a scone fin I bake F
(Said by a man as a jocular promise of reward)

765. I'll gie ye yer supper wintin a speen F
I'll give you no supper

766. I'll kaim yer heid (curly pow) tae ye (BT); F
I'll give you a scolding or thrashing

767. I'll kiss ye fin ye're sleepin an 'at'll gar ye dream fin ye're deid BT; F
(A jocular promise of reward for a favour)

768. I'll lat ye see the bonny side o the door F
I'll put you out

769. I'll lat ye see the hole the mason left F   (As above)

770. I'll mak ye ower again, as the mannie made his midder F

771. I'll need tae throw in ma bonnet F
(Said by one arriving late, or doubtful of a welcome)

772. I'll pey ye fin aa maan peys idder F
(Said on receiving a slight favour)

773. I'll pit daar ahin the door an dee't F

774. I'll see ye by the hen's mait/dish/troch/(pot) (A); F
(Said when seeing someone out of the house)

775. I'll see yer coffin bleckit wi herrin scales first F
I'll never do such a thing for you   (Banff saying)

776. I'll tak a rung an rizzle yer riggin wi't F

777. I'll tak it atween me an wint B

778. I'll tak ye ower ma knee an gie ye a Deeside dichtin B
A spanking

779. I'm as aal as ye are ancient B

780. I'm happy cause ma hert's ma ain an naebody's seekin't F

781. I mith as weel sleep wi ye as tell ye aathing   B

782. I'm nae sae green's I'm cabbage-lookin   F; K

783. I'm nae sure o the bit that's gaan tae ma moo   F

784. I'm nae sic a born eediot   B

785. In a picher tae ken   BT
In a state of excitement to know

786. In deil, oot doo   B; F
cf. A doo awa bit a deil at hame   F;   A hedgerow
sant . . .   Unkind at home, kind away from it

787. I niver hid salts in my bledder, nor a lance in ma
liver   B

788. I niver loot dab   F   I didn't say anything

789. I niver loot on, bit aye loot ower   (As above)

790. I niver saa the like aa ma born days   B

791. I niver said cheese (echie nor ochie/soo's egg/Jim
Hielanman)   F   (I didn't say anything)

792. I niver said soo's egg wis pork   F   (As above)

793. In twa shaks o a lamb's tail   K   Presently

794. I'se awa an seek shearin for fear o a late hairst   B

795. "I see," said the blin man. "Ye're a damn leear," said
the dummie   F

796. It cowes (blecks) the cuddy (wi the timmer leg)   B; (F)
It beats everything

797. It cowes the gowan (cowes aa)   F   (As above)

77

798. It fair pits the peter on me A   Brings me up short

799. It gangs (gings) roon yer hert like a hairy worm F; (K)
It tastes good

800. I the deid seelence o the nicht B
At dead of night

801. I the deid thraw B   Almost the last

802. It his nedder uppelt nor devallt B; F
It has rained continually

803. It'll aa be the same a hunner ear aifter this F

804. It'll aa come richt in the tail o the day F

805. It'll be a bare muir she disna get a coo aff B

806. It'll be dry on Friday tae dry the priest's sark F
(Said if it has rained all week)

807. It'll dry fin the drucht rises F
(Said of something one is too lazy to dry properly, e.g. a washed
floor)

808. It'll nedder rug nor rive F
(Said e.g. of tough meat)

809. It rins in the bleed like a timmer leg F

810. It's aa een tae Paddy fither he sup his brose or drink
them B; F

811. It's aa fish aat comes tae ma net B
It's all grist to the mill

812. It's aa tint 'at faa's by me B

813. It's aa weel vrocht for B
It's all gained by hard work

814. **It's a gey bare scaup** B
A bad soil and, therefore, a bad farm

815. **It's a peer warl fin aa's dung doon** B
When everything's wrong

816. **It's as chape sittin's stannin** F
(Said to one who refuses a seat)

817. **It's aye a feast or a famine** F

818. **It's aye best tae eer on the safe side** B

819. **It's better nor a steen ahin the lug** A; F

820. **It's braw tae be bonny an weel likit** B

821. **It's braw tae hae a canty conceit o yersel** B
It's good to have a good opinion of yourself

822. **It's geen aa tae dirt like the mannie's muck-midden** F
(Said of something that has gone wrong or gone to ruin)

823. **It's good for fit ails ye; an if naething ails ye, it's a sure cure** K

824. **It's like the Gamrie maan's herrin: it'll need mair than twa brees** F
It will need a lot of washing (Banff saying)

825. **It's like the laddie's heid: it wis crackit afore** F
(Said when one breaks a dish)

826. **It's me that'll get the bree o't** F   I'll get the blame

827. **It's surely been a lee** F; K
(On forgetting what you meant to say)

828. **It wid be atween me an wint gin I took him** B
cf. I'll tak it . . .

829. It winna gar me dee tull ma day come BT
It may be serious but I won't die of it

830. It winna hurt ye tae speak F

831. I've a craa tae pluck wi ye (an ye've tae aet the fedders o't) F

832. I've neither time nor daylicht F
I'm extremely busy

833. I widna ken him if I got him in ma pottitch – I'd jist ken he sidna be there F

834. I widna speir for her or she wid faa ower B
(Of someone you care little about)

835. I wid rin a mile afore I wid fecht a meenit B

836. I winna gang the linth o ma fit B

837. I winna pey a doggie an bark masel F

838. I wish ye readier mait nor a rinnin hare F

839. I wisna shut up, I wis brocht up F
(Reply to one who says "Shut up!")

J

840. Jist haadin thegither by the help o the rags F
(In answer to the question "Foo are ye?")

841. Jouk (Jowk) an lat the jaw gae by B; (BT)
Keep out of the way till the worst is passed

K

842. Keep a calm sooch B; F   Keep quiet; keep calm

843. Keep him in's neuk B   Keep the upper hand

844. Keepin saas for sairs F
Keeping things unlikely to be of use

845. Keep the bonny side tae the laird F

846. Keep the hank in yer nain haan A
Retain control yourself

847. Keep the pottie bilin B; F
Keep things going (used in boys' games)

848. Keep yer ain fish guts tae yer ain sea-maas F

849. Keep yer breath tae cweel yer pottitch B; F
(Said to one talking angrily)

850. Keep yer myn easy an yer bowels open an nae fear B
(Advice to a complaining person)

851. Keep yer taants tae tocher yer dothers (for fear that
yer maidens be few) B; (F)
Keep your taunts to endow your daughters for marriage

852. Keep yer thoomb on't B   Keep it secret

853. Kith nor kin B   Relations (in negative context)

854. Kittle i the trot B   Short-tempered

855. Knap at the win B   Eating nothing

856. Kweel i the skin 'at ye het in B
Regain your composure

L

857. **Laagin like a pen-gun** B
Talking idly and at length

858. **Lang life an ull heal** B
(As opposed to an early death)

859. **Lang may yer fit gang roon the gate an niver strick a steen** F
(*Gate* refers to a path or street)

860. **Lang may yer lum reek (wi ither folk's coal)** B; (F)

861. **Lang onkent o, dear o the hearin** B

862. **Lang spangs an mony o them** F
How to run fast

863. **Lang steek an pull hard** B; F
(Said of rough sewing)

864. **Lat 'at flee stick tae the wa** B; F
Say no more about it

865. **Lat ilka carl crave his neepor** B

866. **Lat the saa sink tae the sair** A; B; F
(On taking medicine or a drink)

867. **Lat the tow gang wi the bucket** B   Give all

868. **Lat the win beat upo tight leather** F
Eat well before going out in stormy weather

869. **Lat (Let) weel abee** (F)   Let well alone

870. **Lay yer lugs aboot ye** B
Listen for all you can hear

871. Leukin as gin butter widna melt in her cheek F

872. Leukin as tho his niz hid bled B
Looking discomfited

873. Licht come, licht geen B
Cost nothing and did no good

874. Like a coo lookin ower a dyke K
Looking foolish

875. Like a doggie wi twa tails K
Elated

876. Like a hen on a het girdle B; F; K
Excited

877. Like a herriet cyard B

878. Like a kirkyard deserter B
Pale, ailing

879. Like Feel Jock, I'll ken better (be wiser) neist time F

880. Like maister, like maan B
Like master, like servant

881. Like mony anither man, stannin greatly in yer ain
licht F

882. Like Spotty wintin a tail B   Very fast

883. Like tae caa (A win that wid blaa) the horns aff o
hummel nowt A; (F)
(Said of wind or of a boaster)

884. Like the cock in the midden, scrapin hard for a
livin F
(In answer to the question, "Foo are ye?")

885. Livin at haik an manger A; B
Living extravagantly

886. Livin on love an chaain daylicht F

887. Livin on love, as livrocks dis on ley B
Living on love as skylarks do on grassland

888. Lo'e me a little, lo'e me lang F

M

889. Ma belly's like tae cut ma throat F
I'm very hungry

890. Ma caups nae aneth their ladle B
I don't benefit from their largesse

891. Ma fingers is aa thoombs F

892. Mair by luck than gweed management B; F

893. Mair holey than righteous F
Said of a garment full of holes

894. Mair i their heids nor their legs cud cairry A
(Suggesting intoxication)

895. Mair jaw nor jedgement B
More talk than sense

896. Mair siller than sense (said the teyler wi his lang threid) F

897. Mair tae be peetied than envied F

898. Mak aa face that'll be face B
Make the best possible appearance

899. **Mak a dear o a divot an turn the heathery side tae ye**
F
Make the most of the available resources

900. **Mak a kirk or a mull o't** B; F
Do as you like; make the best of it

901. **Makkin a speen or spilin a horn** F

902. **Makkin siller like sclate steens** F; B
Making money hand over fist

903. **Mak the day an the journey alike** B
Make the distance equal to the length of time available

904. **Mak yer ee(n) yer merchan** A; (B)
Examine the goods before purchase

905. **Mak yer feet yer freen** B; F
Take to your heels

906. **Mak yersel at hame, for (faar? –Ed.) I wish ye wis** F

907. **Ma nain haans siccarest** BT

908. **May the birdie shit in the prophet's moo** F
(Said when someone forebodes bad weather etc.)

909. **May ye aye hae a foo aamrie** F

910. **Merry-go-hyne wi a fish hyeuk in yer tail** F

911. **Mither wit** B   Common sense

912. **Mizzlet shins** B   Legs roasted before the fire

913. **Mony a peel's ee did he caa oot** B
He walked in poor roads, covered in puddles

914. Mony een wid dee a gweed turn, gin it wurna for the ile and the tippence B
(As in the story of the Good Samaritan)

915. Muckle traivel for aa the oo B
Hardly worth the bother

916. Mull o Rora's roller rolled three times roon the park unrolled F
(A tongue-twister)

N

917. Nae biggin kirks nor yet placin ministers B
Doing nothing of importance

918. Nae cark, nae care B   No responsibility

919. Nae feerich B   No verve

920. Nae fit tae bite yer ain thoomb F   Drunk

921. Nae lang for this warl BT
Almost at the end of life

922. Nae sae Hielan tae be sae far north B; F
(In answer to the question "Foo are ye?")

923. Nae sma drink B
Not insignificant

924. Nae tae lippen till B
Not to be depended on

925. Nae the spunk o a loose B   Inert

926. Naething in her bit fit the speen pits in B
She's brainless

927. **Naething patent** K
Nothing special

928. **Nae weelins o himsel** B
Not having the full use of his limbs

929. **Nae winner ye're aal lookin; ilky thing fashes ye** F

930. **Nae wirth an aal sang (a docken/fart/fiddle/ flech/sid)** B; (F)   Of no use

931. **Nearest the door, first oot** F

932. **Nedder tae haad nor bin** F

933. **Neither fish, nor flesh, nor gweed reed-herrin** F

934. **New o the news wi ye** B

935. **Niver bidden kiss a caup** B
Never offered hospitality

936. **Niver lat dab** B   Never give a hint, or sign

937. **Niver lat on** B   Don't mention it

938. **Niver say eechie nor o(o)chie** BT
Don't say one thing or another; say nothing

939. **Niver say sids** F   Don't say a word

O

940. **Oat moo an bere dowp an mashlich i the middle** B; F
A bag of pretended good oats; a cheat

941. **Onybody's doggie for a piece?** B

942. **Oot o aa rhyme an rizzon** B   Quite wrong

943. Oot o theat B   Beyond correction

944. Oot o the fryin pan intae the fire B

945. Oot o the rig B   Going to see a sweetheart

946. Oot o yer box B   Showing off

947. Or ae jaw be ower ma heid, anither's brakkin on ma rumple B
Trouble is succeeding trouble

948. Or the girse growe, the aal horse may be deid
Don't delay

949. Or ye ken o yersel B   Before you know it

P

950. Partans in a moss pot an poddicks i the sea B
(Illustrative of impossibilities)

951. Peety for you in yer short shirt K
(An expression of mock sympathy)

952. X: "Penny for yer thochts."
Y: "Tippence an ye'll get them." F

953. Penny wise an poun feelish B

954. Pey the lawin B   Pay the (public house) bill

955. Pit in a step B   Walk faster

956. Pit it faar the wifie pit her butter K
(An unhelpful response to the question, "Where shall I put it?")

957. Pit the seddle on the richt horse B
Blame the proper person

958. Pittin on a face at wid spen a sookin littlin B

959. Pittin the gentleman on abeen the beggar F
(Said e.g. of putting blacking over dirt on boots)

960. Pit watter in aal waals an dubs in riven sheen B
(What a heavy rain would do)

961. Pit yer best fit foremaist B

962. Pit yer heid i the mink an nae anger the gweed laird
B
(A wife's advice to her husband about to be hanged)

963. Pit yer myn tae yer condeeshun B

964. Please yersel an buy berries an pismeal wi yon penny F

965. Please yersel an syne ye winna dee o the pet B

966. Plooterin oot an in like a drookit rottan B

967. Pooin a wan tae ding himsel B
Making a rod to beat his own back

968. Prig doon B   Persist in giving less

969. Pukin yer hairt oot B   Vomiting

970. Pykit tae the been B   Like a skeleton

Q

971. Quinkins an cats' bags B
An impossible mixture; an answer to an impertinent question

R

972. Ready aye ahin haans B   Too late

973. Reekin like a lime kiln B

974. Ridin tull's ruin B

975. Rin dog, rin deil A   Come what may; willy-nilly

976. Rinnin as tho Aal Nick wis at yer back B

977. Rinnin like the win B

978. Rinnin like wild fire B

979. Rinnin on ribbons B   Going fast

980. Rizzon or neen B   Whether reasonable or not

981. Rowe yer ain gird F   Be independent

S

982. Sair's ma traachle (since ma first maan deet) K
     I'm struggling

983. Say awa an tak a piece B   Talk and eat at the same time

984. Scaret oot o a year's growthe B

985. Scaret oot o ma wit B

986. Scotlan is the best place tae dee in, for aabody spiks
     weel of ye; bit the warst place tae get merrit in, for if
     there's a hair tae clash aboot, theyll mak a tether o't B

987. Seil upo yer bonnie pow B
     Good fortune on your pretty head

988. Sell yer pig an buy a can   B; F

989. She disna think she's sma drink nor yet the gruns o porter   F
She has a high opinion of herself

990. She'd niver sen ye awa wi a sair hert   K
She'd never deliberately upset you

991. She'd skin a loose an mak breeks o its skin an canles o its tallow   F

992. She'd speir the breeks aff ye   K
She's very inquisitive

993. Sheetin an shinin like a day in Merch   B

994. She geed throwe the wid an lant wi a scrog   F
She'd many rich suitors but married a poor one

995. She hid a feesle in her tail wid gryn Jamaica spice   B
(Descriptive of a woman's gait)

996. She'll work roon ye aa day an thresh yer back aa even   F
She's a much better worker than you

997. She lookit for the hats an loot the bonnets (aa) gae by   (BT); F
(Said of an unmarried woman who was too choosy about a husband)

998. She niver opent her moo bit she pat her fit in't   B

999. She niver said "Hiv ye a moo?"   F; K
She offered nothing to eat

1000. She's as gweeds she's bonnie   B

1001. She's fair gaan her dinger   K
She's showing signs of extravagant behaviour

1002. She's foo o idleseat B   Full of useless frivolity

1003. She's the stang o the trump B
She's the best of the lot

1004. She thocht her aal bress wid buy a new pan F
cf. His aal bress . . .
She married a rich old man, hoping he would die so that she might marry a young man

1005. She weers the breeks F
She is master of the house

1006. She winna tine a preen an nae leuk for't F

1007. Shinin like sharn on the heid o a hill (on a ley-rig) F

1008. Short an sweet like the donkey's gallop F

1009. Sic a din wid denum the sorra B
Such a noise would confound the Devil

1010. Sic a face wid fleg the French B

1011. Sing! sing! The cat's awa wi ma singin string F
(Said by someone asked to sing in company)

1012. Siller winna burn a hole in his pooch B
He's a spendthrift

1013. Sittin swytin suppin sowens F   (Tongue-twister)

1014. Slippit awa like a knotless threed B

1015. Snap up the speen-mait; the breid'll keep F

1016. Some straik the mizzer o justice, bit ye gie't aye heapit B
Some level down the measure of justice; but you always give it heaped

1017. Speak fin ye're spoken till (an bark fin the doggie bids ye) F

1018. Speakin oot o a hole in yer heid (neck) F
Talking nonsense

1019. Spit ower yer thoomb an say "Troth, thoomb" ("Troth" three times over) F
(As an act of good faith)

1020. Stick in or ye stick oot K   Eat your fill

1021. Stick oot like a pot fit M   Like a sore thumb

1022. Stickin like a sid in yer teeth B

1023. Stots an bangs B   Intermittent(ly)

1024. Straein yer beets in Moat's soo F
Dead (because the graveyard in Auchterless is next to the cornyard of the farm of Moat)

1025. Stravaigin aboot like a wull turkey F

1026. Sup yer brose; the breid'll keep F

T

1027. Tae be aa thoombs K
To be clumsy with one's hands

1028. Tae try on the lang weskit M   To pull somebody's leg

1029. Tak aff yer heid an chap on the stump BT
Cheeky reply to a knock at the door

1030. Tak anidder day tull't, as the maan said fin he wis gaan tae lowp ower the kirk B

1031. Tak chowp for a change F
You must make do with nothing

1032. Tak help at yer elbucks B

1033. Tak tent an men B   Take care and improve

1034. Tak the bite an the buffet wi't B
Take both the food and the scolding

1035. Tak the warl bi speed o fit B   By moving fast

1036. Tak the wull for the deed B
Take the intention in trust for the deed

1037. Tak yer heels ower yer shooders F
(Said when the roads are bad)

1038. Tea begrudgt an watter bewitcht F
(Said of very weak tea)

1039. Tell him 'at an seek a saxpence B

1040. That gart him claa far it wisna bitin B
cf. I'll gar ye . . .

1041. That'll be a knife (etc.) lang ahin ye hinna a sair
heid F
(Said of something with long lasting qualities)

1042. That's nae great oath tae sweer be B

1043. That's nae tae bicker an laach at B

1044. That's the clean back lick F   The very limit

1045. That story's obleeged tae the upmakker F
(Said of an embroidered story)

1046. That winna mak me nor brak me B; F
Neither help nor hinder

1047.   The back o beyond, faar the hens rin barfit   F

1048.   The back o yer heid's a treat   F
I'm glad to get rid of you

1049.   The cat's scrapin for win   F
(Said when the cat is seen scratching)

1050.   The cat's sneezin, there's gaan tae be drift   F
(Also said in fun if a person sneezes)

The cat's sneezin, there's gaan tae be drift

1051.   The claes hing on the ropes like bells that niver
rang   B
(They don't shake)

1052.   The corn's surely risin (up eenoo). (Yer bonnet's on the
eemaist hack)   (B); F
(Said to a man with his cap set well back on his head)

1053. **The deil o meenlicht** B
(An expression of high speed)

1054. **The fear o Gweed an the lang day** B
(When there seems to be a difficulty)

1055. **The howe o yer hoch** B
Under the knee

1056. **The kep haps aa the faimily** F
(Said of a married couple with no children)

1057. **The king mith come i the cadger's wye; ye niver ken** B
(Reference to an unexpected favour)

1058. **The lift will faa an smoor ye** B
(The fear of the timorous)

1059. **The mountin an the dismountin an the fykie beastie** B
(Descriptive of many difficulties)

1060. **The neist bore tae butter; an aat's ream at the brakkin** B
(Something close at hand)

1061. **The reet an the rise o't** B; F
The beginning and the end of it

1062. **There'll be the mair tae the lave** B
There'll be all the more for the others

1063. **There's great stots in Ireland; bit they canna get them shippit for their lang horns** F
(Said to a boaster)

1064. **There's mair in him than the speen pits in (an the been kaim rugs oot)** F

1065. There's naething comin ower ye BT

1066. There's nae twa wyes aboot that A

1067. The shakkins o the pookie B
What's left over at the end

1068. The speirin maks aa the difference B
Being asked

1069. The streen at even B
Yesterday evening

1070. The tae corbie canna pick oot the idder corbie's een B
They're too closely associated to do each other harm

1071. The tae eyn o's tongue caas the tidder a leear B

1072. The teuchat('s) storm (A)
(Storm associated with the arrival of the lapwing)

1073. The vrang soo bi the lug this time B
Not the right person

1074. The win an the water are baith against him F
(He's overwhelmed by misfortune)

1075. They aa like tae gang tae Auchtermair, niver tae
Auchterless F
(Said of ministers looking for a rich parish)

1076. They dinna mizzur yer moo F
They feed you well

1077. They hae (hinna) their sipper an their sorra tae seek in
ae nicht A;(B) *cf.* He hisna his sorras . . .

1078. They maan boo faar their bed lies A
(Said, for example, of farmservants)

1079. They say aathing bit their prayers; an they fussle them B; (F)
(Sometimes following the phrase "So they say")

1080. They've up aa their back teeth F
They are astute

1081. They widna clip butter though it wis meltit F
(Said of a blunt pair of scissors)

1082. They winna leuk sae laich an tak sae little wi them B
They won't care about anything so small

1083. They winna wint a peat o their load A
They'll lack for nothing

1084. Thicker an faister an mair o't F

1085. This winna dee an keep the tackie tee F
(Supposedly said by a crofter's wife when her husband sat down for a rest)

1086. Though ye're peer, dinna let the placie ken't F
(Always manure your land well whatever else you can't afford to do)

1087. Threepit doon ma throat B
Unreasonably asserted

1088. Throu the bows B   Misbehaving

1089. Tire an faa tee again F

1090. Try an lay saat on's tail B
Try what cannot be done

1091. Tull a flee fell ye B

1092. Turn yer tail tae Turra F
(A way of saying "Turn around")

U

1093. Up bi cairts, like Fleeman's meer B
Doubtfully elated

1094. Up tail an awa B   Leave hurriedly

W

1095. Waar i the girn nor i the bite, he wis BT
His bark was worse than his bite

1096. Waash yer face an gie the soo a drink B
(Said when someone has a dirty face)

1097. Wag his pow in a poopit B
(Said of a preacher)

1098. Watter made waar F
(Said of weak tea)

1099. We dinna grudge the tribble; it's the expense A

1100. Weel a wins B
(Endearment to inspire trust)

1101. We'll need tae pit a brecham on tae ye an keep ye
within boons BT
(The breeching of a harness to control you)

1102. "Were ye at the kirk the day?" "Aye, tae the kirk o
crack-aboot, an the kail-pot for the minister." F
(They chatted round the fire and looked at the pot on the crook)

1103. We'se lat aat flee stick tae the wa A

1104. Whustle an flee up B
Go away

1105. **Wi ae putt an row** B
With a hard struggle

1106. **Wid laach at the thing they wid fainest hae** B

1107. **Widna cut butter on a het steen** B
Not sharp

1108. **Winna mak yer plack a bawbee** B

1109. **Wise ahin time** F

1110. **Wise an wardle like** B
Without deformity

1111. **Wis ye bidden speir? Weel, I wis bidden nae tell ye** K
Mind your own business

1112. **Work oot the inch as ye've deen the span** B

Y

1113. **Ye can bark at the bar** B
There's no admittance

1114. **Ye can caa's fit ye like, as lang's ye dinna caa's ower** F

1115. **Ye can gang tae Hecklebirnie** B
Out of the way

1116. **Ye can gang tae Jidderton an girge mice** B

1117. **Ye canna see green cheese (bit fit yer een watters)** (F); K
You're envious

1118. **Ye canna see naething for aathing** F

1119. Ye can ride the ford's ye fin't B
You can judge by your own experience

1120. Ye can see his heid bit nae his hicht B; F
(Said of a conceited person)

1121. Ye change yer myn as aften as ye change yer sark
or Ye change yer myn wi the win F

1122. Ye could sheet peys throwe them (or read the Bible, or
sma print, throwe them) F
(Said of trousers etc. worn thin)

1123. Ye'd gar a body believe the back o their heid wis
afore F

1124. Ye'd gar a body believe the meen wis made o green
cheese F

1125. Ye dinna ken gin ye wid gang to merry-heedless or
snipefeedle B
(When a person is in doubt)

1126. Ye'd like yer breid buttert on baith sides F
You expect too much

1127. Ye'd speir the breeks aff a hielanman F

1128. Ye'd speir the tail (hips) fae a peer wife, syne speir
faar she tint it (them) F

1129. Ye got butter an ile for yer first mait B
(Said to an outspoken person)

1130. Ye hae surely risen on yer vrang side B
You're showing signs of temper

1131. Ye ken fit thocht did? Shit (pished) the bed an blamed
the bowster F

1132.   Ye'll be a maan afore yer midder (yet) (F); K

1133.   Ye'll be muthert B
You'll be half-killed

1134.   Ye'll be waar or ye be better F

1135.   Ye'll dance till a different tune, gin I come till ye F

1136.   Ye'll droon on dry lan B
(Said of those who dislike the sea)

1137.   Ye'll get nae cuttins fae him K
He's unlikely to oblige you

1138.   Ye'll get the cat wi the twa tails there B
Uncivility

1139.   Ye'll get yer kail throwe the reek B; F
You'll get a row

1140.   Ye'll jist need tae be like the mannie that turnt his
sark an shook it an said "A clean dud's
healthsome" F
(Said by a wife when she can't get the washing dried in bad weather)

1141.   Ye'll need tae ding a hack in the crook BT
Mark an event by carving a notch in your staff

1142.   Ye'll niver learn younger F

1143.   Ye'll sleep yer heid intae train-ile F

1144.   Ye maan cweel in the skin ye het in B; F

1145.   Ye may gang farrer an fare waar B; F

1146.   Ye may live tull a flee fell ye tull ye get aat B
Till the moon's made of green cheese

1147. Ye micht as weel speak till a steen waa F
(Said when someone won't listen)

1148. Ye needna blame Gweed, gin the Deil ding ye ower F
(Said of a person with fat legs)

1149. Ye needna fash yer thoomb B
Don't trouble

1150. Ye needsna be sae ready B
Too previous

1151. Ye pu'd a stick tae brak yer ain back F
You did a good turn which will be repayed with ill

1152. Ye're aa eeksie-peeksie F
You're all equal; as bad as each other

1153. Ye're as glcg as wid see a mote on the heid o the hull o Benachie B

1154. Ye're a slippery eel by the tail B
You're not trustworthy

1155. Ye're aye at hame at mait-time F
(Said to a lazy person who likes his food)

1156. Ye're aye feart for the daith ye'll niver dee B

1157. Yer een's bigger nor yer belly (kite) F
You take more than you can eat

1158. Ye're like the mannie's horsie: ye gang fin ye sud stop an stop fin ye sud gang B

1159. Ye're some dreich o drawin B
You're slow

1160. Ye're weel aff (ower weel) an disna ken't (B); F

1161.   Yer face wid fley the French a mile awa   F

1162.   Yer haans winna herrie ye   B
You're being ungenerous; *or* You won't miss what you give

1163.   Yer heid'll niver hain yer heels   F
You don't think before you act

1164.   Yer mean is seen made   B
Your sympathy is soon given

1165.   Yer tongue's aye in the tilley (though it be lip-fu o dirt)   F
(Said of a person who speaks out of turn)

1166.   Ye sid pit a fool fae fleein first an syne fae rinnin   A
(Directions for carving a fowl)

1167.   Ye steekit the stable door aifter the steed's stown   B

1168.   Ye surely wint a grot i the shillin   B

1169.   Ye think ye should get aathing your side o the dish   F

1170.   Ye've aeten a coo an worriet on the tail   F
(Said of one who leaves very little on his plate, or fig. of one who boggles at a trifle)

1171.   Ye've a heid like a hen: ye jist myn fin ye're hungry   F

1172.   Ye've caad yer hogs tull an ill market   B
You've struck a bad bargain

1171.   Ye've droont the mullart   B; F
Put too much water in the whisky, or too much boiling water on the brose-meal

1174.   Ye've gotten yer baikie oot   F
You're on the loose

1175. Ye've nae mair feet nor a hen   F; K
You're feckless

1176. Ye've surely been at the smiddy getting sharpit   F
Said to one who gives short answers)

1177. Ye've the butter aa your side o the dish   F
You have it all your own way

1178. Ye've the greed o ninety-nine times nine   F

1179. Ye've the heft an the blade in yer ain haan   F

1180. Ye've tint the best pairt o yer heid   F
(Said to one who loses his cap)

1181. Ye wid be better o a file aneth the widder-cock   B
Prison would improve you

1182. Ye widna buy a pig in a pock   B

1183. Ye widna get watter tho I sent ye tae the sea   B; F
(Of somebody feckless)

1184. Ye widna ken faar a blister micht licht   B
Something unforeseen might occur

1185. Ye wid think ye been trailt throwe the eyn o an
English midden   B
You are aping English ways badly

1186. Ye winna growe howe-backit bearin yer freens   B
You are selfish

1187. Ye winna growe noo oonless like a coo's tail,
doonhill   B

1188. Ye winna learn an aal horse new tricks   F

1189.   Ye winna play Jock Needle Jock Preen wi me   B; F
You won't change from one thing to another

1190.   Ye wis niver a mile fae a coo's tail   F
(At the coast: you've never been out to sea. Inland: you've never been far from home)

1191.   Yoomin like a barmin bowie   B
Smelling of strong drink

Yoomin like a barmin bowie

RHYMES

1192.   A blast oot o the Wast
Is bit a blast at the maist;
Bit a blast oot o the East
Is three days at the least BT

1193.   A drappy May
Maks the hay B

1194.   A fine nicht an sin amon't,
Tak aff yer sark an rin amon't F

1195.   A heap o skirlin for little oo,
As the souter said fan he scrapet the soo B

1196.   A misty May an a sinny June (Jeen)
Keeps a fairmer aye weel in tune (teen) B

1197.   A mither's ae son wi ae ee
Sall fin the keys o Bennachie
Aneath a rash buss
I the backward o Tullos BT

1198.   A peer thing an a pykit
A din-skinnt an ull likit B

1199.   A penny hained (saved)
Is a penny gained (B); F

Ask nae questions, ye'll be tellt nae lees;
Shut yer moo an ye'll catch nae flees

1200. Ask nae questions, ye'll be tellt nae lees;
Shut yer moo an ye'll catch nae flees   F

1201. A sunny shooer
Niver laists bit an hoor   F

1202. Awprile shooers
Fess Mey flooers   A

1203. Bow-hocht an bean-shinnt,
Ringle-eed an din-skinnt B

1204. Dee weel
An shame the deil (deevil) (B)
(*Deevil* is plainly mistaken)

1205. Een for een (ye) may weel compare;
Bit twa for een is geyan sair A; (B)

1206. Een's joy, twa's grief,
Three's a merriage,
Fower's a daith,
Five's a beerial
An sax a hearse BT
(Recording the superstitions concerning the pyot or magpie)

1207. Fairmers' faugh
Gars lairds laach M
(Fallow land earns the farmer nothing but the laird still gets his rent)

1208. Fin Bennachie pits on her tap,
The Garioch lads wull get a drap BT

1209. Fin the blewart weers a pearl an the daisy turns a pea,
An the bonnie lucken-gowan has faaldit up her ee B

1210. Fin the maan's fire an the wife tow,
The deil seen blaws them intul a lowe B

1211.   Fin the new meen's on her back,
          Men yer sheen an strap yer thack B

1212.   First comes Canlemas an syne the new meen.
          The first Tyesday efter aat is aye Fastern's Een.
          Aat meen oot an the neist meen's hicht,
          An the first Sunday efter aat is aye Pess richt (nicht)
          BT; (M)
          (Used to calculate the date of Easter. Fastern's Een should perhaps
          more correctly be Faster's or Fastin's, referring as it does to the
          fasting following Shrove Tuesday. Festeren's and Festren's are other
          known forms)

1213.   Fite Kirk o Rayne
          Straacht stans yer wa;
          Bit on a bonnie Pess Sunday
          Doon sall ye fa. BT

1214.   Gin she isna fair tae me,
          Fat care I hoo fair she be? B

1215.   Gin ye trust afore ye try,
          Ye may rue afore ye die B

1216.   Grace be here an grace be there
          An grace be on the table;
          Ilka een tak up their speen
          An sup aa that they're able BT

1217.   Herdie dirdie, blaa yer horn;
        Aa yer kye's amo the corn.
        Here aboot or far awa,
        Aa the herds that iver I saa,
        Willie Duncan blecks them aa   BT

1218.   Here's a health tae ye aa yer days,
        Plinty mait an plinty claes
        Pottich an a been speen
        An anidder tattie fin een's deen!   B

1219.   He that by the ploo wad thrive
        Himsel maan edder lead or drive   B

1220.   He winna sweer nor ban
        Bit he'll chate an lee wi ony maan   B

1221.   If Canlemas Day be fair an clear,
        The half o the winter's tae the fore an mair;
        If Canlemas Day be weet an fool,
        The half o the winter's geen at Yule   BT

1222.   Kail an kail-bree an a wee puckle seys
        Is fine for the laddies that work on the leys   F

1223.   Kail an kail-brose an a wee suppie ream
        Sens ye asleep as seen as they're deen   F

1224.   Learn young, learn fair;
       Learn aal, learn sair F

1225.   Love
       Is a dizziness;
       It winna lat a peer man
       Gang aboot his business B

1226.   Mairch said tae Aperil,
       "I see three hogs upon a hill;
       An if ye'll len me days three,
       I'll fin a wye tae mak them dee."
       The first o them wis win an weet;
       The second o them wis sna an sleat;
       The third o them wis sic a freeze,
       It froze the birds' nibs tae the trees.
       Fan the three days were past an gane,
       The three silly hogs cam hirplin hame B

1227.   Mairch win an Mey sin
       Mak claes clean an maidens din B

1228.   Malisons, malisons mair nor ten
       That herries the nest o the hivvenly hen;
       Bit benisons, benisons mair nor three,
       That leuks tae ma eggies an lats them be B

1229.   Ma sin's aye ma sin, tull he get a wife;
       Bit ma dother's aye ma dother aa the days o her life
       B; F

1230. Misty Mey an drappin Jeen
An seen gweed widder, fin aat's deen B

1231. Ne'er cast a cloot
Tull may (May) be oot (B)

1232. Och, hey hum, (Oh, hoch hum)
I niver saa a bonnie lad bit fat I likit some B; (F)
(Said when yawning)

1233. Pairt smaa
An sair aa F
Divide up in small shares and everyone will be served

1234. Pit a cloot (patch) abeen a cloot (patch)
An that'll turn the win aboot (F)
(Substitution of *cloot* for the English *patch* produces – and probably
restores – the rhyme)

1235. Pride an grace
Niver bide in ae place B

1236. Reed, fite an blue's
Aneuch tae gar ye spew F
(With possible reference to the French tricolour, dating from the
Napoleonic Wars F)

1237. Rowan tree an reid threid
Keep the witches fae their speed B

1238. Say-weel an dee-weel
Wis baith pitten in a letter;
Say-weel did weel;
Bit dee-weel did better   B

1239. Steal a needle, steal a preen,
Steal a coo or aa be deen   B; F

1240. Sticks an steens'll brak ma beens
Bit nicknames winna touch me   F

1241. That'll haad ye oot o langer
An in o anger   F
(Said of a trying job)

1242. The Deil
Rock them in a creel
That disna wish us aa weel   F

1243. The evenin reid an the mornin grey
Is aye the sign of a bonnie day   B

1244. The fashion here's twis afore,
Hinmaist in shuts the door   F

1245. The mair hurry, the less speed,
Like tailyer wi's lang threed
(or As the tyler said tae his great lang threed)   B; (K)

1246.   They've little in their pow
        That lichts a canle at a lowe   B

1247.   This an better may dee,
        Bit this an waar winna dee   B

1248.   Tie a coo in a cloot
        An she'll seen win oot   B

1249.   Twa puddocks an a pleuch;
        My sang's lang eneuch   F
        (Said when refusing to sing in company)

1250.   Weet in Mey
        Maks the hey   A

1251.   Weet in Mey an heat in June (Jeen)
        Fesses the hairst soon (seen)   A

1252.   "Whustle, whustle, aal wife, an ye'll get a hen."
        "I couldna whustle," quo the wife, "tho ye gie me
        ten."
        "Whustle, whustle, aal wife, an ye'll get a cock."
        "I couldna whustle," quo the wife, "tho ye gie me a
        flock."
        "Whustle, whustle, aal wife, an ye'll get a man."
        "Whif, whif," quo the wife, "I'll dee the best I can."
        BT

1253.   Winter thunner
         Is the rich maan's gweed
         An the peer maan's hunger   BT
         (Being good for fruit; bad for corn)

1254.   As I geed t' ma father's faist,
         I saa a great notorious baist
         Wi ten tails an forty feet.
         (A sow and nine piglets)   M

1255.   As I leukit ower ma father's castle,
         I saa a bodie stannin;
         I took aff's heid an drank's bleed
         An left's body stannin.
         (A bottle)   M

1256.   As I leukit ower ma father's castle wa,
         A saa the deid carryin the livin awa.
         (A ship.)   M

1257.   An it's naither Peg, Meg, nor Margit
         At's ma true love's name;
         An it's naither Peg, Meg, nor Margit;
         An trice I've telt her name.
         (Ann)   M

1258.   A countrie loon cam doon the toon
         Wi three feet up an twa feet doon,
         Wi the moo o the livin an the heid o the deid.
         Come tell me ma riddle and I'll gi ye ma heid.
         (A boy with a pot on his head.)   M

1259. There wis a king met a king
       In a narra lane.
       Said the king tae the king
       "Whaar hae ye been?"
       "I hae been whaar ye hae been,
       Huntin at the roe."
       "Will ye lend me yir dog?"
       "Yes, I will do so.
       Call upon him, call upon him."
       "What is his name?"
       "I hae telt ye twice
       An I will tell ye again."
       (A bean)   M

1260. Lang man legless
       Cam till ma door staffless.
       "Haud awa yir cocks an hens;
       Yir dogs an cats I fearna."
       (A worm)   M

1261. Lang legs,
       Short thighs,
       Little heid
       An nae eyes.
       (Tongs)   M

1262. The minister an the schoolmaister
       An maister Andrew Lamb
       Geed oot tae view the gairden
       Faar three peers hang.
       Ilka ane pu'd a peer
       An still twa hang.
       (All the same man.)   M

1263. There wis a man bespoke a coat.
Whan the maker it home did bring,
The man wha made it wouldna hae it;
The man wha spoke for't cudna tell
Whether it suited him ill or well.
(A coffin.) M

1264. There wis a man o Adam's race,
Wha had a certain dwellin-place;
It wis naither in earth, hivven, nor hell.
Come, tell me where that man did dwell.
(Jonah in the whale's belly.) M

1265. (Come) a riddle, (come) a riddle,
(Come) a rot, tot, tot.
I met a man wi a reid, reid coat;
A staff in (his) han an a steen in's throat;
Come, tell me ma riddle and I'll gie ye a groat.
(A cherry.) M

1266. Bank-fu an brae-fu;
Though ye gaither aa day,
Ye winna gaither a stoup-fu.
(Mist.) M

Glossary

Aa all
aal(d) old
aam dress leather; thrash
aamrie pantry
accoont account
ae one
aefauld sincere
aet eat
aften often
ahin *prep*. behind
ain own
airse arse
aneth beneath
aneuch enough
arnest earnest
aye always
baikie tethering-stick
bairns children
baith both
ban curse
barfit barefoot
barmin fermenting, cause to ferment
bauldly boldly
bawbee halfpenny
beemfullt spoiled
been bone
be(e)som broom
beetle hammer
belly-rive stomach-ache
belt bald
ben through
bensil heavy blow
bicker laugh heartily
bidden invited (to)
bide stay; last; bear
big build

bile boil
bin bind
birk birch tree
bit but
blaa(n) blow(n)
blaik black
blate backward, bashful
bledder bladder
bleed blood
blewart bluebell
blin blind
blin lumps boils
bode portend; expect, desire
bodie person
bouk bulk
bow-hocht bow-legged
bowie barrel
bowty beauty
braid broad
braw good
bree blame, brunt
breeks trousers
breers eyelashes
breeth breadth
breist breast
bress brass
briks trousers
brunt burned
buckie periwinkle
bul bull
bun bound
bursin panting from over-exertion
buskit adorned
buss bush
by past
byowty beauty

byre   cowshed
caa   call; drive
caaf   chaff
caal   cold
cadger   carrier
cankert   ill-tempered
canle   candle
canna   cannot
cannas   canvas
carl   fellow
casticks   kail or cabbage stalks
caup   wooden bowl
caasey   causeway, street
chape   cheap
chate   v. cheat
cheenge   change
chuckens   chickens
claa   claw
claes   clothes
clash   tittle-tattle
cleckin   brood
clockin   hatching
cloot   cloth; n., v. patch
cog   wooden pail
coo   cow
coomie   sootie, grimy
coorse   coarse
coort   court
corbie   crow
cowe   beat
cowp   v. deal
cra   crow
crag   throat
crap   crop
crave   demand payment of a debt
creeshed   greased
crockaneeshin   smithereens
crook   device for hanging pots on
cuddy   donkey
cweel   cool
cyard   tinker; tramp
daar   dare
darna   dare not
dauty   darling
dee   die
deid   dead
deil   devil

deuk   duck
devall   cease, stop
dicht   wipe
din   dun-coloured
ding   beat
dingin   n. beating
ding on   (as of rain) fall
din-skinnt   weather-beaten;
   sunburned
dis   does
divot   sod
docken   dock leaf
doo   dove
door-steen   doorstep
dother   daughter
dowp   bottom
draa   draw
draff   (Eng.) refuse
drappin   rainy
dreid   dread
drookit   drenched
droon   drown
drucht   drought
dubs   mud
dud   rag
edder   either; v. twist ropes round a
   stack
ee   eye; you
Eel   Yule
eeksie-peeksie   equal
eemaist   uppermost
een   one; eyes
eence   once
eer   err
eese   n. use
ellwan   yardstick
even   evening
eyn   end
faa   who
faach   fallow land
faald   fold
faa tee   get to work
fail   sod
fairmin   farming
fant   adj. faint
farrer   farther
fash   v. trouble

Fastern's Een   Shrove Tuesday
fat   what
faugh   fallow land
fautless   faultless
feart   afraid
fedder   feather
feel   fool; foolish
feelish   foolish
ferlie   *n.* wonder
fess   fetch
file   while
fin   find
fit   foot
fitest   whitest
fither   whether
fit-raip   hobble for cattle
flee   fly
Fleeman   Jamie F, the Laird of Udny's
    Fool
fleg   frighten
fley   scare
fob   pant
folk   people
foo   full; drunk
forky-tail   earwig
fowk   people
freen   friend
fudder   move quickly or excitedly
fulpie   puppy
fun   found
funs   whins
fup   whip
fushionless   pithless
fussle   whistle
futrat   weasel
fyte   white
gab   mouth
gang   go; walk
gange   *n.* tedious prating
gar   make, cause to
gart   forced
gate   path
geddert   well-off
geyan   very
gie   give
gien   given
gin   if

gird   hoop
girge (jirg)   crunch
girsy   grassy
glaikit   foolish
gled   kite, buzzard
gleg   sharp-witted
gowan   daisy
gowd   gold
gree   agree
greet   weep
grot   groat
grump   complain
grumph   grunt
grunnie   grandmother
gruns   grounds
gryn   grind
Gweed   God
gweed   good
gweel   corn marigold
gya   gave
gyaan   going
gyangs   goes
haad   hold
haan   hand
hack   notch
hain   save
hairst   harvest
hame   home
hap   cover
harden   made of hards
harken   listen
harra   harrow
haugh   low-lying ground by a river
hearken   listen
hecklepins   the teeth of a flax or
    hemp dressing-comb
hedder   heather
heft   handle
heid   head, top
heilanman   Highlander
herrie   rob
hert   heart
het   *adj.* hot; *v.* warm
hey   hay
hicht   height
hinmaist   last
hirple   *v.* cripple

his has
hist hasten
houn hound, dog
howe *n.* hollow
hummel hornless
hurlbarra handcart
idder other
idleseat idleness, frivolity
ile oil
ilka, ilky every
ingan onion
Janwar January
jaw talk; wave, breaker
Jeen June
jouk duck, dodge
kaim comb
kennelt kindled
kent known
kep cap
kine kind
kirk church
kirkyaird churchyard
kist chest
kitchie addition to plain fare
kittle *adj.* short-tempered; *v.* please;
  caress
knowe knoll, hillock
kweed (qued) bad, vile
kweel cool
kwyte coat
laach laugh
laag talk idly
laich low
lames broken bits of earthenware
lan land
lang long
langer tedium
laverock skylark
lawin bill
ledder leather
lee *n.* lie; *v.* tell a lie
leear liar
leen alone
leen, it(s) by itself
len lend
leukit looked
ley grassland, meadow

licht light
lichtsome pleasant
lift sky
lip-fu brimming full
lippen depend
littlin child
livrock skylark
loose louse
loot let
lowe blaze
lowp leap
lucken-gowan globe flower
lug ear
lum chimney
maan *n.* man; *v.* must
mair more
mairry marry
maist most
mait food
mak make
mashlich mixed grain
mawkin hare
may hawthorn
mean sympathy
meen moon
men mend
merry-go-hine away
mids middle
mim prim
mink noose
mith *v.* might
mither mother
mittent wearing mittens
mizzer measure
moch moth
moggan stocking used as a purse
Mononday Monday
morn, the tomorrow
mony many
moo mouth
moss where peats are dug
motty full of motes, specks
mowse, nae no joke
muckle *adv.* much
muir moor
mull mill
mullart miller

mu(r)ther   murder
myn   mind
naething   nothing
naewye   nowhere
nain   *adj.* own
naitral   natural
nedder   neither
neen   none
neeper, neiper   neighbour
neist   next
nesty   nasty
neuk   corner
nib   nose
niz   nose
nor-wast   north-west
noth   nothing
nowt   ox
nyow   new
oonless   unless
oor   hour
oot   out
or   till
owthor   author
Pace   Easter
pairt   divide
paris   parish
partan   crab
peel   pool
peer-men   wire-tightening levers for
   fencing
pen-gun   children's pop-gun;
   loquacious person of small size
Pess   Easter
peys   peas
picher   quandary
pick   pitch
pirn   reel
pit   put
pitten-tee   made up
plack   smallest coin
playaack   toy
plooter   splash
poopit   pulpit
pooshin   poison
pooter   walk backwards and forwards
pottitch   porridge
preef   proof

preein   tasting
preen   pin
puddock   frog
py   magpie
pykit   meagre-looking
pynt   point
pyock   bag
pyot   magpie
quait, quate   quiet
queets   ankles
quinkins   dregs; nothing at all
raffy   (of a crop) thick and thriving
rake   search
rale   real
rax   stretch
ream   cream
redd   clear
reed   red
reek   smoke
reet   root
reid   red
riggin   head
ringle-eed   wall-eyed
rive   split, tear
rizzle   beat
rizzon   reason
roddens   rowan berries
rottan   rat
rowe   roll
rowp   auction
rug   pull
rung   cudgel
saa   salve
saach   willow
saat   salt
sair   *adj.* hard; *n.* sore
sairt   served
sang   song
sant   saint
sark   shirt
scaup   thin soil
scrat   scratch
scrog   shrub
sea-maa   seagull
seck   sack
seddle   saddle
seen   soon

seelence   silence
seil   happiness
set   place a hen on eggs
seys   chives
shachelt   deformed, worn out of shape
shakkins   shakings
sharger   short, stunted person
sharn(y)   (covered with) cow-dung
shear   reap
shee(n)   shoe(s)
sheet   shoot
shoo   sew
shooder   shoulder
sic   such
siccarest   surest
sid   seed
siller   money
sin   son; sun
sinner   sunder, separate
sitt   *n.* soot; *v.* suit
siven   seven
skail   disperse; spill
skirl   scream
sklate   slate
sliver   slaver
sma   small
smith   blacksmith
smoor, smore   smother
sna   snow
sodger   soldier
soo   sow; straw stack
soord   sword
sooter   shoemaker
sorra   the Devil
sowens   dish of oat husks
spang   stride
spark   splash
speen   spoon
speen-mait   food for which a spoon is needed
speir   ask
spen   wean
spik   speak
spunk   match; energy; courage
spylt   spoiled
steek   shut, fasten

steel   stool
steek   stitch
steen   stone
stey   steep
stibbles   stubble
stirkie   young steer
stook   *n.* shock; *v.* arrange in shocks
stoot   stout
stoop   jug
stot   young bull or ox
stown   stolen
strae   *v.* put straw into
straik   *v.* stroke
strang   strong
streen, the   yesterday (evening)
strive   quarrel
stull   quiet
styoo   dust
sud   should
sudna   should not
sup   sip
sweer   lazy
sweerty   laziness
swuppert   nimble
swyte   sweat
taal   told
tack(ie)   leased farm; tenancy
tailyer   tailor
tattie   potato
tae, the   the one
ted   toad
teelt   told
teem   empty
teen   taken
tenan   tenant
tent, tak   pay attention
tesment   *n.* will
teuch   tough
teuchat   lapwing
teyler   tailor
thack   thatch
theat   horse trace
thigger   beggar
thocht   thought
thoom   thumb
thrash   thresh
threid   thread

throwe through
thunner thunder
tidder, the the other
till to
tilley lifting-pan
tine lose
tint lost
tocher *v.* provide a dowry
tod fox
tow rope
trackle treacle
traivil travel; trouble
travail work, exertion
trowth truth
trump Jew's harp
Turra Turriff
twa two
Tyesday Tuesday
ull *adj.* bad; difficult; *n.* evil
umman woman
unsert unserved
upple (of weather) to clear
vrang wrong
vrocht worked
waach worthless
waal well
waar worse
wan stick
warst worst
warl world
wardle world

weel well
weel-faart handsome
weer wear
weet, weety wet
wersh tasteless
weskit waistcoat
wi with
wid wood
widder weather
widdie small wood
wik week
win wind
winlins bundles of straw
winna winnow; will not
wint lack, want
wintin without
wir our
wisht, hud yer hold your peace
wittert barbed
wuddie gallows
wull *n.v.* will; *adj.* roused
wunner wonder
wye way
wyte wait
wyver weaver
wyde weed
yalla yellow
yokie itchy
yokit started work
yoom *v.* smell of drink

Other Books of Interest

by Douglas Kynoch

A Doric Dictionary – *Doric-English, English-Doric*
Doric for Swots – *for advanced students*
Teach Yourself Doric – *a course for beginners*

> (An audio-cassette and CD containing extracts from both *Teach Yourself Doric* and *Doric for Swots,* are available (Lismor Recordings LICS 5239). Contact the publishers for further details.)

Here's Tae Us! Wha's Like Us? – *A personal view of Scottish history*
The Minister's Cat – *An A-Z of Cats in Verse*

Other Authors

Blithe and Braw – *an anthology of nostalgic and neglected traditional Scots poems*
Canty and Couthie – *an anthology of familiar and forgotten traditional Scots poems*
The Midwinter Music – *a Scottish anthology for the Festive Season*

Children's Books

An A–Z of Scots Words for Young Readers
Wee Willie Winkie – *Nursery rhymes for children*
The Wild Haggis an the Greetin-faced Nyaff – *funny Scots rhyme*
Aitken Drum – *the old Jacobite song, retold in Scots*
Kitty Bairdie – *the old Scots poem, retold as a story*
Rashiecoat – *the Story Cinderella in Scots*

> This is just a small selection. For full details of these and other books from Scottish Cultural Press and Scottish Children's Press, please consult our website or write to the publishers for a current catalogue.

www.scottishbooks.com